Lucía Charún-Illescas
Claudia Chávez de Lederbogen
Jan Lederbogen

## Kritische Darstellung einer postkolonialen Beziehung

Was ist Guano? Was hat Hamburg mit Perus Guano-Inseln zu tun? Wie wurden Hamburger Handelsunternehmer im 19. Jahrhundert durch diesen Rohstoff reich? Und was hat das alles mit brutaler Zwangsarbeit, heutigen Monokulturen und dem Raubbau endlicher Ressourcen zu tun? All diesen Fragen geht das Buch nach.

## *Presentación crítica de una relación poscolonial*

*¿Qué es guano? ¿Qué tiene que ver Hamburgo con las islas guaneras del Perú? ¿Cómo se enriquecieron los comerciantes hamburgueses con esta materia prima en el siglo XIX? ¿Y qué tiene que ver todo esto con el trabajo brutal y forzado, monocultivos y el acceso a recursos limitados? Este libro plantea todas estas preguntas.*

Gefördert durch die Freie und Hansestadt Hamburg · Behörde für Kultur und Medien

Lucía Charún-Illescas
Claudia Chávez de Lederbogen
Jan Lederbogen

# PERU
# GUANO
# HAMBURG

Wie die Hamburger
Schiet zu Geld machten

*Cómo los hamburgueses
convirtieron el excremento
en dinero*

Abbildungen auf dem Cover:
*Imágenes de la tapa del libro:*

Der Guanotölpel und weitere Guanovögel der peruanischen Guano-Inseln, unten historische Postkarte von Schiffen im Hansahafen Hamburg.
*El piquero y otras aves guaneras de las islas guaneras peruanas; abajo postal historica de barcos en el puerto Hansahafen en Hamburgo.*



1. Auflage Januar 2023

www.kjm-buchverlag.de
ISBN 978-3-96194-196-4

Satz, Gestaltung, Illustrationen: Jan Lederbogen
Umschlaggestaltung: Suse Kopp (Bildnachweise siehe S. 83)
Texte & Redaktion: Lucía Charún-Illescas, Claudia Chávez de Lederbogen, Jan Lederbogen
Übersetzungen: Lucía Charún-Illescas und Claudia Chávez de Lederbogen
Korrektorat: Rainer Kolbe und Cristina Pérez
Herstellung: Eberhard Delius
Druck und Bindung: GCC Cuno, Calbe
Printed in Europe



Mehr zu unseren Büchern: www.kjm-buchverlag.de

# Inhalt

## *Contenido*

**Peru**
***Perú***

**Archäologie**
***Arqueología***



**Anhang**
***Apéndice***

## Guano

»Der Peruguano bildet eine gelbbraune, erdige, mit gröberen und kleineren harten Klumpen durchsetzte Masse, der außerdem nicht selten Steine und sonstige fremde Materien beigemengt sind. Wegen dieser Beschaffenheit kann der G. nicht ohne weiteres als Dünger auf das Feld gebracht werden, sondern muß durch Sieben und Zerkleinern der Stücke vorher in ein gleichmäßiges Pulver verwandelt werden.«
(Brockhaus' Conversations-Lexikon 1884)

## *Guano*

*»El guano peruano es una masa tierrosa de color marrón amarillento, intercalado con pequeños terrones duros de mayor y menor grosor, a menudo también con piedras y otras materias extrañas. Debido a esta consistencia, el guano no puede ser echado así nomás como fertilizante al campo, sino que primero debe ser convertido en un polvo uniforme tamizando y triturando los trozos«.*
*(Brockhaus' Conversations-Lexikon 1884)*

# EINFÜHRUNG
# *INTRODUCCIÓN*

Hamburg: Eines der Zentren des Guanohandels mit Peru im 19. Jahrhundert.

*Hamburgo: Uno de los centros del comercio del guano peruano en el siglo XIX.*

Die Guano-Inseln liegen vor der Küste Perus.

*Las islas guaneras se encuentran en la zona costera del Perú.*

# Über dieses Buch

# *Acerca del libro*

Bei der kritischen Aufarbeitung hamburgischer postkolonialer Beziehungen wurde Peru bislang ausgeblendet. Dabei gab es im 19. Jahrhundert Handelsbeziehungen zwischen Hamburg und dem 1821 unabhängig gewordenen Peru, die entscheidend zu Hamburgs Reichtum beitrugen. Ein Rohstoff spielte dabei eine besondere Rolle: der Peru-Guano.

**Das vorliegende Buch macht diese postkolonialen Handelsbeziehungen sichtbar.**

Es stellt die wichtigsten Akteure der Hamburger Handelshäuser vor, die in den Handel mit Guano involviert waren. In gleicher Weise wirft es einen Blick auf die gesellschaftlichen Zustände, die der Abbau des Rohstoffes Guano in Peru hervorrief.

Dabei geht das Buch auch der Frage nach, welche Rolle Hamburger Handelshäuser bei den unrechtmäßigen und gewalttätigen Ausbeutungen an Menschen und an der Natur spielten, die bis heute fortwirken.

*La memoria poscolonial de Hamburgo ha ignorado hasta ahora al Perú. Sin embargo, en el siglo XIX, existieron relaciones comerciales entre Hamburgo y el Perú, independiente desde 1821, que contribuyeron decisivamente a la riqueza de Hamburgo. Un rol esencial lo cumplió un fertilizante natural: el guano peruano.*

***El libro visibiliza estas relaciones comerciales poscoloniales.***

*Presenta a los actores más importantes de las casas comerciales de Hamburgo involucradas en el comercio del guano peruano y, de la misma manera, da una mirada a las condiciones sociales que generaron la explotación del guano en el Perú.*

*Además, explora el papel desempeñado por las casas comerciales de Hamburgo en la explotación inhumana y violenta de personas y de la naturaleza que repercuten hasta el día de hoy.*

# Was ist Guano?

# *¿Qué es el guano?*

Guano ist ein organischer Dünger, reich an Phosphaten, Stickstoff- und Kaliumsalzen. Er entsteht aus Exkrementen von Seevögeln, ihren Knochen und Eierschalen. Diese werden in Schichten um die Brutstätten angehäuft und bekommen durch die Sonnen-Trocknung eine harte Konsistenz. Neue Nester entstehen dabei jeweils auf den alten verwitterten Brutstätten.

## Woher stammt der Guano?

1840 begann der Guanoabbau auf den drei Chincha-Inseln südlich der Hauptstadt Lima in Peru. Innerhalb von drei Jahrzehnten wurden hier mehr als 30 Meter hohe, in Jahrhunderten entstandene Guano-Ablagerungen komplett abgebaut.

Die nah an der Küste liegenden kleinen felsigen Pazifikinseln Perus bieten hervorragende Bedingungen für die Entstehung von Guano. Denn hier verläuft eine von Süden nach Norden ziehende kalte, oberflächennahe Meeresströmung, die Peru-Strom oder auch Humboldt-Strom genannt wird. Sie bewirkt, dass es an der Küste nicht regnet, sorgt aber für großen Fischreichtum. Vor allem Sardellen (Engraulis ringens) und Anchovis (Anchoveta engraulis) bilden dabei die Nahrungsgrundlage für die Guano produzierenden Seevögel. Bei den von Millionen Seevögeln bevölkerten Guano-Inseln spielen der Guanokormoran, der Guanotölpel und der Peru-Pelikan eine besondere Rolle.

*El guano es un fertilizante orgánico rico en fosfatos, sales de nitrógeno y potasio que resulta de la combinación del excremento de las aves marinas, sus huesos y las cáscaras de sus huevos acumulados en capas en sus lugares de crianza y que adquieren una consistencia dura al secarse al sol. Los nuevos nidos son formados encima de los antiguos lugares degradados.*

## *¿De dónde proviene el guano?*

*En 1840 se comenzó en las tres Islas Chincha, al sur de Lima, con la explotación del guano. En tres décadas desaparecieron completamente los depósitos de más de 30 metros de altura que se habían acumulado durante siglos.*

*Las pequeñas islas rocosas del Mar Pacífico frente a la costa peruana ofrecen excelentes condiciones para la formación del guano, ya que una corriente marítima fría, cercana a la superficie que corre de sur a norte y es llamada corriente del Perú o corriente de Humboldt, impide que llueva en la zona costera, pero asegura una gran abundancia de peces. Especialmente las anchovetas (engraulis ringens) y los boquerones (anchoveta engraulis), constituyen la base alimentaria de las aves marinas productoras de guano. El guanay, el piquero y el alcatraz son las tres aves guaneras más importantes de las islas, además de millones de otras aves marinas.*

Hier gibt es weitere Informationen zum Guano-Dünger:
*Aquí hay más información sobre el fertilizante de guano:*

https://ojs.openagrar.de/volltexte/Kulturpflanzenjournal/2016/Heft07/XML/Webdaten/02_jfk_2016_07_stoeven_et_al/jfk_2016_07_stoeven_et_al.html#IVZ_10

*En el Zoológico de Hagenbeck viven 41 Pingüinos de Humboldt. En las islas guaneras solo quedan unos pocos miles debido a la extracción del guano y a la sobrepesca en sus zonas de caza.*

41 Humboldt-Pinguine leben im Tierpark Hagenbeck. Auf den Guano-Inseln gibt es von ihnen nur noch wenige Tausend – wegen des Guanoabbaus und der Überfischung ihrer Jagdgebiete.

Guanokormoran (Phalacrocorax bougainvillii), Guanotölpel (Sula variegata) und Peru-Pelikan (Pelecanus thagus).

*Guanay (Phalacrocorax bougainvillii), piquero (sula variegata) y alcatraz (Pelecanus thagus).*

*¿Qué significado tuvo el guano peruano para la industrialización?*

*El guano peruano como fertilizante contribuyó en forma decisiva a la revolución industrial europea. Permitió que las cosechas superaran su rendimiento entre 30 y 300 veces más de lo conocido. De este modo, incluso lo(a)s trabajadores(as) fabriles en las ciudades y sin huertos propios pudieron seguir alimentándose adecuadamente, y la mejor nutrición gracias a las abundantes cosechas redujo la tasa de mortalidad y promovió el crecimiento de la población. Sin embargo, la importación del guano peruano también inauguró la era de la agricultura moderna. Por eso, hasta hoy dependemos en gran medida de los productos complementarios de la agroindustria.*

Was bedeutete Peru-Guano für die Industrialisierung?

Der Guano-Dünger trug entscheidend zur industriellen Revolution Europas bei. Er ermöglichte einen 30- bis 300mal höheren Ernteertrag. So konnten auch die in den Städten lebenden Fabrikarbeiter:innen, die über keinen eigenen Gemüsegarten mehr verfügten, weiterhin ausreichend ernährt werden. Die bessere Ernährung durch reichere Ernten senkte die Sterblichkeitsrate und förderte den Bevölkerungszuwachs. Allerdings wurde durch den Import von Peru-Guano auch das Zeitalter der modernen Landwirtschaft eingeläutet. Und so sind wir bis heute weitgehend von agrarindustriellen Zusatzprodukten abhängig.

Justus von Liebigs Doktoranden in seinem Gießener Labor. (um 1841)

*Estudiantes de doctorado de Justus von Liebig en su laboratorio de Giessen. (aprox. 1841)*

# Die Entdeckung des Peru-Guanos für Europa

## *El descubrimiento del guano peruano para Europa*

### Alexander von Humboldt

Der Forschungsreisende Alexander von Humboldt (1769–1859) erhielt während seines Aufenthaltes in Lima 1802 Guanoproben von den Chincha-Inseln. Diese sandte er nach Paris zu Louis Vauquelin und Antoine-François de Fourcroy. Die beiden Wissenschaftler stellten fest, dass der Guano aus Peru besonders viel Stickstoff enthielt, mehr als jeglicher bislang in Europa bekannte Dünger.

### Justus von Liebig

1840 entdeckte der deutsche Chemiker Justus von Liebig (1803–1873), dass es für eine bessere Ernte notwendig sei, die Ackerböden zu düngen. Er schlug vor, der Erde Kalium-, Stickstoff- und Phosphorsalze hinzuzufügen. Diese Zusammensetzung entsprach genau den Inhaltsstoffen des Peru-Guano. Dessen Entdeckung als Dünger führte zu einer großen Nachfrage auf dem Weltmarkt und zum Beginn der so genannten »Guano-Epoche« (1802–1884). Liebig entwickelte in der Folgezeit auch eine Reihe von Mineraldüngermischungen, die zum Ende des 19. Jahrhunderts den Guano mehr und mehr ablösten. Salpeter aus Chile fungierte dabei als lukrativer Ersatz.

### *Alexander von Humboldt*

*El explorador Alexander von Humboldt (1769–1859) recibió muestras del guano de las Islas Chincha durante su estadía en Lima en 1802. Las envió a Louis Vauquelin y Antoine-François de Fourcroy en París y ambos científicos señalaron que el guano peruano contenía una cantidad especialmente elevada de nitrógeno, más que cualquier otro fertilizante conocido en Europa hasta entonces.*

### *Justus von Liebig*

*En 1840, el químico alemán Justus von Liebig (1803–1873) descubrió que era necesario fertilizar los suelos cultivables para obtener una mejor cosecha. Sugirió añadir al suelo sales de potasio, nitrógeno y fósforo. Estos minerales correspondían exactamente al guano peruano. Su descubrimiento como fertilizante provocó una gran demanda en el mercado mundial y el inicio de la llamada »Era del Guano« (1802–1884). Posteriormente, Liebig desarrolló una serie de combinaciones de fertilizantes minerales que a finales del siglo XIX fueron sustituyendo cada vez más al guano. El salitre de Chile se convirtió en un sustituto más lucrativo.*

## Kurzfilm: Notizen zu Guano, Peru und Hamburg

## *Cortometraje: Apuntes sobre el guano, Perú y Hamburgo*

Guano – das ist Vogelkotdünger der peruanischen Pazifikinseln.

*Guano – es el fertilizante de excrementos de las aves de las islas del Pacífico peruano.*

Guano – dazu gehören Hamburger Kaufleute und Reeder, die von dem Handel mit dem Dünger profitierten, Hamburg zu einer Metropole machten und und dabei zu Reichtum gelangten.

*Guano – esto incluye a los comerciantes y armadores hamburgueses que se beneficiaron del comercio del fertilizante, convirtieron a Hamburgo en una metrópoli y se enriquecieron en el proceso.*

Guano – dazu gehören Objekte vorspanischer Kulturen, die man unter den Guanoschichten fand, sich einfach mitnahm und in das Museum im Johanneum am Domplatz brachte.

*Guano – esto incluye los objetos de culturas prehispánicas encontrados debajo de las capas del guano y traídos al museo en el »Johanneum« en la plaza »Domplatz«.*

Guano – das sind auch die bis heute sichtbaren Umweltzerstörungen auf den Inseln, die sich mit den Problemen des Klimawandels verbinden.

*Guano – también son las devastaciones ambientales en las islas, que aún hoy son visibles y se juntan co los problemas del cambio climátic*

Hier gibt es den Film zu sehen:
*Aquí se puede ver el cortometraje:*
https://vimeo.com/704268654

Heinrich Freiherr von Ohlendorff

»[Durch eine] Assoziation mit den Herren J. H. Schröder & Co., London, […] und dem Hause Dreyfus frères in Paris erreichte die Firma Ohlendorff & Co. eine Kapitalkraft, wie sie selten zu finden sein dürfte, und eine so mächtige Stellung in der Guanobranche, daß das Geschäft einem Monopol gleichzuachten war. Da ohnehin das Haus Dreyfus frères den Kontrakt mit der Regierung von Peru hatte, konnten wir jede Konkurrenz erdrücken.«

*Barón Heinrich de Ohlendorff*

*»[A través de una] asociación con los Sres. J. H. Schröder & Co., Londres, [...] y la Casa Dreyfus & Hnos. en París, la empresa Ohlendorff & Co. logró un nivel de poder de capital que rara vez se encontraría y una posición tan poderosa en la industria del guano que el negocio equivalía a ser un monopolio. Dado que la Casa Dreyfus & Hnos. ya tenía el contrato con el Gobierno peruano, pudimos aplastar cualquier competencia«.*

# HAMBURG
# *HAMBURGO*

# Die Hamburger – Importeure des Peru-Guanos

## *Los hamburgueses – importadores del guano peruano*

Um 1842 herum begann der lukrative Handel mit Peru-Guano der Chincha-Inseln nach Europa. Zu dieser Zeit bestanden bereits seit Längerem Handelsbeziehungen von europäischen Kaufleuten und Handelsunternehmen zu Südamerika. Dazu gehörten auch Hamburger Kaufleute. Sie agierten im Netz von Handelsunternehmen und Banken mit Sitz in London und Verbindungen nach Valparaiso in Chile und Lima in Peru.

Durch dieses Netz wurden Hamburger Kaufleute zu Agenten von Agenten, die in Peru um die Guano-Monopole konkurrierten, die die peruanische Regierung vergab. Diese Guano-Monopole erhielten schließlich europäische Kaufleute, die über ein großes Kapital bei europäischen Banken, vor allem in London, verfügten. So wurden die Hamburger zu Importeuren von Peru-Guano.

Mit der Einfuhr des Naturdüngers gelangten die Guano-Importeure durch ihre Monopol-Stellung schnell zu Reichtum. Diesen investierten sie unter anderem in Immobilien und Ländereien. Zusätzlich unterstützten sie durch einflussreiche Posten in wichtigen Gremien auch koloniale Bestrebungen.

*Alrededor de 1840, se inició el negocio lucrativo de guano peruano de las Islas Chincha hacia Europa. En aquella época, los mercaderes y las compañías comerciales europeas ya llevaban tiempo comerciando con Sudamérica. Entre ellos, también se encontraban hamburgueses que operaban en la red de empresas comerciales y bancos con sede en Londres y conexiones en Valparaíso, Chile, y Lima, Perú.*

*Aprovechando estas conexiones, los comerciantes afincados en Hamburgo se convirtieron en agentes de agentes que competían por el monopolio guanero otorgado por el Gobierno peruano. Estos monopolios fueron finalmente concedidos a comerciantes europeos, quienes disponían de grandes capitales en bancos europeos, especialmente en Londres. Como resultado, también los hamburgueses acabaron siendo importadores del guano peruano.*

*Debido a tener el monopolio bajo su control, los importadores pudieron enriquecerse rápidamente a través del fertilizante, y las ganancias las invirtieron entre otras cosas en inmuebles, tierras y también apoyaron aspiraciones coloniales a través de puestos influyentes en organismos importantes.*

Hamburger Hafen um 1883. (Fotografie von Georg Koppmann)

*El puerto de Hamburgo, hacia 1883. (Fotografía de Georg Koppmann)*

*Los precintos de los sacos de »Ohlendorff'schen Guano-Werke« todavía se pueden encontrar en los campos agrícolas, dando testimonio de la época del monopolio guanero hamburgués.*

Noch heute findet man auf Äckern Siegel der Säcke der »Ohlendorff'schen Guano-Werke«, die von der Zeit des Guano-Monopols zeugen.

№ 31. Leipzig, den 30. Juli 1862. — Erscheint jede Woche. [XVII. Jahrgang.

№ 31.] Agronomische Zeitung. 495

Die weite Verbreitung und Gelesenheit der Agronomischen Zeitung macht sie zu Bekanntmachungen für alle Landwirthe, Vereine, Behörden, Anstalten, Productenhändler, und landwirthschaftlichen Verlag sehr empfehlenswerth.

## Ankündigungen.

Inserate kosten die Petitzeile der Foliospalte oder deren Raum 2½ Ngr. — Beilagen werden 1000 Stück erbeten und mit 3 Thlr. berechnet. — Einsendungen franco per Post oder auf dem Wege des Buchhandels an die Expedition. —

# Guano-Depôt der Peruanischen Regierung in Deutschland.

Als Bevollmächtigte der Herren **Henry Witt & Schutte** in **Lima** zeigen wir hiedurch an, dass mit dem heutigen Tage unsere Verkäufe von Guano für Rechnung der Peruanischen Regierung eröffnet werden.

Unsere jetzigen Preise sind:

Bco. ℳ︎ 168. — per 2000 ℔. Brutto Hamb. Gewicht oder 20 Zoll-Centner, bei Abnahme von 60,000 ℔. und darüber,
Bco. ℳ︎ 182. — „ „ „ „ „ „ „ „ „ „ „ „ 2000 ℔. bis 60,000 ℔.

In Säcken, zahlbar per comptant ohne Vergütung von Thara, Gutgewicht, Abschlag oder Decort.

**Anfragen, Aufträge und Remessen sind an die mitunterzeichneten Herren J. D. Mutzenbecher Söhne franco zu richten.**

**Hamburg**, 1. Iuli 1862.

**J. D. Mutzenbecher Söhne**
und
**A. J. Schön & Co.**

[200]

# Die Familie Mutzenbecher

# *La familia Mutzenbecher*

Die Familie Mutzenbecher galt als alteingesessene Hamburger Kaufmannsfamilie. Sie war seit dem 18. Jahrhundert im Atlantikhandel tätig und führte nach der Unabhängigkeit der spanischen Kolonien den Handel mit den neuen Nationalstaaten wie Peru fort. So wurde zum Beispiel Ernst Ferdinand Mutzenbecher (1805–1848) 1835 Hamburgischer Konsul in Lima und Johannes Eduard Mutzenbecher (1822–1903) begann 1843, nach einem Aufenthalt in Lima, mit seinem Bruder Gustav Mutzenbecher (1826–1903) den Guano-Import nach Hamburg zu organisieren.

1861 unterschrieben die Brüder mit dem in Lima niedergelassenem Unternehmer Heinrich Witt einen Vertrag, der ihnen für neun Jahre die alleinige Verantwortung über das Guano-Geschäft in Deutschland übertrug. Sie legten das Hamburger Guano-Depot »der peruanischen Regierung in Deutschland« an und warben für sich als »Bevollmächtigte« des legitimen Verkaufs von Guano in Deutschland. Witt beschreibt die Brüder Mutzenbecher bei der Vertragsunterzeichnung wie folgt: »[...] war ich fest davon überzeugt, dass wir unsere Interessen nicht in bessere Hände als die ihren hätten legen können; sie waren schlau, scharf wie Nadeln, und ich hoffte ehrlich.«

*Los Mutzenbecher fueron considerados como una familia de comerciantes hamburgueses de larga tradición. Desde el siglo XVIII se dedicaron al comercio atlántico y continuaron negociando con las nuevas repúblicas, como Perú, tras la independencia de la colonia española. Por ejemplo, Ernst Ferdinand Mutzenbecher (1805–1848) fue cónsul de Hamburgo en Lima en 1835, y en 1843, tras una estancia en Lima, Johannes Eduard Mutzenbecher (1822–1903) y su hermano Gustav Mutzenbecher (1826–1903) comenzaron a organizar la importación del guano peruano a Hamburgo.*

*En 1861, los dos hermanos firmaron un contrato con Heinrich Witt, empresario afincado en Lima, en el cual ambos se hicieron cargo exclusivo de la importación del guano peruano a Alemania durante nueve años. Instalaron el depósito de guano »del Gobierno peruano en Alemania« en Hamburgo y se presentaron como »agentes« de la venta legítima del guano peruano en Alemania. Witt, en su estadía en Hamburgo para firmar el contrato con los hermanos Mutzenbecher, los describe como sigue: »[...] estaba firmemente convencido de que no podíamos haber puesto nuestros intereses en mejores manos que las suyas; eran astutos, agudos como agujas, y espero que honestos«.*

Anzeige der Firma Mutzenbecher in der Agronomischen Zeitung, (Leipzig 1862)

*Anuncio de la empresa Mutzenbecher en el periódico »Agronomische Zeitung«. (Leipzig 1862)*

Die Mutzenbechers betrieben ihren Guanohandel in der Admiralitätsstraße. (Fotografie von Georg Koppmann, 1882)

*Los Mutzenbecher administraban su comercio del guano en la calle Admiralitätsstraße. (Fotografía de Georg Koppmann, 1882)*

7.
David Meyer
Tapezier.

# Heinrich Witt

# *Heinrich Witt*

Der Altonaer Kaufmann Heinrich Witt (1799–1892) ging 1824 nach Peru und kam durch seine Anstellung beim englischen Handelshaus Anthony Gibbs & Sons zu großem Reichtum. 1842 stieg er in der Guanohandel ein. Sein Tagebuch, das mehr als 11.000 Seiten umfasst, gibt Einblicke in den Alltag des Guano-Geschäfts seiner Hamburger Partner, den Brüdern Mutzenbecher. So erfahren wir, was hinter den Kulissen beim Hamburger Geschäft mit dem Peru-Guano passierte.

Für den 6. April 1863 notierte er über seinen Besuch im Kontor der Firma Mutzenbecher: »Durch einen ihrer Spione – die sie notwendigerweise in vielen der wichtigen Handelsplätze Deutschlands hatten – waren sie darüber informiert worden, dass eine respektable Firma in Königsberg eine Lieferung von Guano vom Londoner Markt bezogen hatte, und ohne Zeitverlust richteten sie einen Brief an dieses Haus, in dem sie ihm mitteilten, dass sie aufgrund eines Vertrages mit der peruanischen Regierung die einzigen rechtmäßigen Importeure von Guano nach Deutschland seien.«

*El comerciante altonés Heinrich Witt (1799–1892) emigró al Perú en 1824, logró enriquecerse gracias a su empleo en la casa comercial inglesa Anthony Gibbs & Sons y en 1842 ingresó a la transacción del guano. Su diario, que consta de más de 11.000 páginas, da una visión del quehacer diario de sus socios en este negocio, los hermanos Mutzenbecher de Hamburgo. De este modo, nos enteramos de lo que ocurría entre bastidores en el comercio del guano peruano en esta ciudad.*

*Para el 6 de abril de 1863, anotó sobre su visita a la oficina de la compañía Mutzenbecher: »A través de uno de sus espías – que necesariamente los tenían en muchos de los centros comerciales importantes de Alemania – habían sido informados de que una respetable compañía de Königsberg había obtenido un cargamento de guano del mercado de Londres y sin perder tiempo dirigieron una carta a esta casa informando que eran los únicos importadores legítimos de guano en Alemania en virtud de un contrato con el Gobierno peruano.«*

(Oben:) Die Partner Witt und Schutte in Lima unterschrieben ihre Dokumente mit einer gemeinsamen Unterschrift, als Beweis für Rechtmäßigkeit und Zustimmung. Der Schnörkel unter den Namen verhinderte Fälschungen und verlieh ein Alleinstellungsmerkmal. (Rechts:) Heinrich Witt. (o. J.)

*(Arriba:) Aquí los nombres de los dos socios (Witt y Schutte) como firma, identificación y prueba de la legalidad y consentimiento del documento. El decorado (garabato bajo los nombres), evitaba la falsificación y le daba un sello de distinción. (Derecha:) Heinrich Witt. (s.f.)*

# Die Ohlendorffs

# *Los Ohlendorff*

Als Söhne des bekannten Gärtners und Pflanzenforschers Johann Heinrich Ohlendorff (1788–1857) wuchsen Albertus (1834–1894) und Heinrich (1836–1928) in Hamburg in einer Welt der Botanik und der Gartengestaltung auf. Ihr Vater wurde von zahlreichen Hamburger Kaufleuten wie Georg Friedrich Vorwerk, Heinrich Johann Merck, Martin Johann Jenisch und Ernst Schimmelmann mit der Gestaltung ihrer großen Anwesen beauftragt. Dadurch bekamen die Brüder Ohlendorff Kontakt zur Welt des hanseatischen Handels. Albertus begann 1852 eine Kaufmannslehre bei J. D. Mutzenbecher & Söhne und übernahm die Firma 1856. Heinrich arbeitete bis 1856 bei Tietgens und Robertson, die wiederum Geschäftspartner des Reeders Ferdinand Laeisz waren.

*Siendo hijos del famoso jardinero e investigador botánico Johann Heinrich Ohlendorff (1788–1857), Albertus (1834–1894) y Heinrich (1836–1928) pasaron su niñez en Hamburgo, dentro del mundo de la botánica y del diseño de jardines. Su padre recibió encargos de numerosos comerciantes de Hamburgo, como Georg Friedrich Vorwerk, Heinrich Johann Merck, Martin Johann Jenisch y Ernst Schimmelmann, para diseñar los jardines de sus extensas propiedades. Así los hermanos Ohlendorff entraron en contacto con el mundo del comercio hanseático. En 1852, Albertus Ohlendorff comenzó un aprendizaje mercantil en la empresa J. D. Mutzenbecher e Hijos y en 1856 se hizo cargo de ella. Heinrich Ohlendorff trabajó hasta 1856 para Tietgens y Robertson, que a su vez eran socios del armador Ferdinand Laeisz.*

Albertus Freiherr von Ohlendorff (1889) und Heinrich Freiherr von Ohlendorff (1905).

*Barón Albertus de Ohlendorff (1889) y Barón Heinrich de Ohlendorff (1905).*

## Die »Ohlendorff'schen Guano-Werke«

1858 gründete Heinrich Ohlendorff die Firma Ohlendorff & Co. Zusammen mit seinem Bruder Albertus stieg er in den florierenden Handel mit Peru-Guano ein. Die chemische Aufschließung dieses natürlichen Düngemittels erfolgte in den »Ohlendorff'schen Guano-Werken« in Hamburg-Steinwerder. Weitere Standorte waren London, Antwerpen und Emmerich am Rhein. In den 1870er Jahren entsprach die Importmenge an Guano durch Ohlendorff & Co. jährlich etwa 140 Schiffsladungen. So bekamen die Brüder in der Hamburger Kaufmannschaft bald das Etikett »Schietbarone«.

## *La fábrica »Ohlendorff'sche Guano-Werke«*

*En 1858, Heinrich Ohlendorff fundó la empresa Ohlendorff & Co., y con su hermano Albertus entró en el próspero negocio del guano peruano. El procesamiento químico del fertilizante se llevó a cabo en la fábrica »Ohlendorff'sche Guano-Werke« en Hamburgo-Steinwerder e instalaron otras sedes en Londres, Amberes y Emmerich en el Rin. En la década de 1870, la cantidad de guano importada por Ohlendorff & Cía. equivalía a unas 140 cargas de barco anuales. Por ello, los hermanos pronto obtuvieron el apodo: »barones de la mierda« dentro del círculo de los comerciantes hamburgueses.*

Ohlendorffs Stammfabrik für die Produktion des aufgeschlossenen Guanos in Hamburg-Steinwerder. (Fotografie aus der Zeit um 1900)

*Sede principal de la fábrica Ohlendorff para la producción del guano desagregado en Hamburgo-Steinwerder. (Fotografía alrededor de 1900)*

Die Guano-Verarbeitung in den Ohlendorff'schen Werken auf Steinwerder führte zu großem Unmut bei vielen Hamburgern. Der Architekt Martin Haller schreibt in seinen Erinnerungen: »Bei gewissen Windrichtungen [zogen] die süßlichen aber wenig lieblichen Düfte der adligen Waare über die Stadt.«

*El procesamiento del guano en las fábricas de los Ohlendorff en Steinwerder provocó muchas quejas por parte de los habitantes de Hamburgo. El arquitecto Martin Haller escribe sardónicamente en sus memorias: »Cuando el viento soplaba en ciertas direcciones, los aromas dulces pero no muy agradables de las nobles mercancías flotaban sobre la ciudad«.*

# Das Vermögen der Ohlendorffs

# *La fortuna de los Ohlendorff*

## »Palais Ohlendorff«

Heinrich Ohlendorff und sein Bruder Albertus wurden 1873 von Kaiser Wilhelm I. für ihren Einsatz in der Verwundetenfürsorge während des Deutsch-Französischen Krieges geadelt. Standesgemäß zu dieser Ehrung ließ sich Heinrich Ohlendorff vom Architekten Martin Haller 1872–1874 ein Palais in Hamburg-Hamm erbauen. Das Palais Ohlendorff war der luxuriöseste Bau Hamburgs, mit 18 Zimmern und einem großen Festsaal. Es wurde zu einem Ort der Zusammenkünfte der besten Gesellschaft Hamburgs und darüber hinaus. Das Palais wurde 1930 an die Stadt Hamburg verkauft und bei den schweren Luftangriffen 1943 zerstört.

## Der Dovenhof – das erste moderne Kontorhaus Hamburgs

Das angehäufte Vermögen aus dem Handel mit peruanischem Guano legten die Brüder Ohlendorff in umfangreichen Grundbesitz an. Heinrich investierte vor allem in Immobilien und ließ in zentraler Lage Hamburgs 1886 den Dovenhof, ein modernes Kontorhaus, bauen. Es wurde zum Vorbild für alle weiteren Hamburger Kontorhäuser, die bis heute das Stadtbild der Hansestadt prägen. Der Dovenhof besaß Büroräume für 60 Import- und Exportfirmen. Man profitierte von den Gemeinschaftseinrichtungen des Hauses, von guten Lichtverhältnissen und komfortabler Frischluftzufuhr, von einem eigenen Postamt und zwei Restaurants. 1967 wurde das historische Gebäude abgerissen. Es musste Platz machen für den Neubau des Nachrichtenmagazins »Der Spiegel«.

## *El »Palacio Ohlendorff«*

*Heinrich Ohlendorff y su hermano Albertus recibieron, en 1873, el título de nobleza del Emperador Guillermo I por su labor de atención a los heridos de la guerra franco-prusiana. En consonancia con su nuevo estatus, Heinrich Ohlendorff mandó construir un palacio en Hamburg-Hamm, en 1872–1874, obra del arquitecto Martin Haller. El »Palacio Ohlendorff«, con 18 habitaciones y un gran salón de baile, fue el edificio más lujoso de Hamburgo. Se convirtió en un lugar de encuentro de la alta sociedad en Hamburgo y fuera de ella. En 1930, el palacio fue vendido a la ciudad de Hamburgo y en 1943, destruído en los intensos ataques aéreos de la segunda guerra mundial.*

## El Dovenhof – primer edificio moderno de oficinas en Hamburgo

*Los hermanos Ohlendorff invirtieron su fortuna acumulada en la importación del guano peruano en amplias propiedades. Heinrich invirtió principalmente en el sector inmobiliario e hizo construir, en 1886, el Dovenhof: un edificio moderno de oficinas administrativas en un lugar céntrico de la ciudad que posteriormente fue el modelo para los edificios que todavía determinan el paisaje urbanístico de Hamburgo como ciudad hanseática y comercial. El Dovenhof, que contaba con oficinas para 60 empresas de importación y exportación, ofrecía instalaciones comunes con buena iluminación, cómodo suministro de ventilación, una oficina de correos y dos restaurantes. En 1967, el Dovenhof fue demolido y dio paso a una nueva construcción para la revista »Der Spiegel«.*

Das »Palais Ohlendorff«. (Fotografie um 1900)

*El »Palacio Ohlendorff«. (Fotografía alrededor de 1900)*

*Tarjeta postal en color del »Dovenhof« en el puente Kornhausbrücke, Hamburgo. (Hacia 1890)*

Kolorierte Postkarte des »Dovenhofs« an der Kornhausbrücke in Hamburg. (Um 1890)

*»Los barcos que cargan guano no son aptos para transportar ninguna otra carga y menos deben llevar pasajeros. Si la carga se humedece debido al agua de mar, esto puede causar efectos mortales entre la tripulación del barco. Al cargar y descargar guano, se produce un polvo extremadamente incómodo, que obliga a utilizar esponjas y paños empapados convenientemente en vinagre. El polvo de guano puede provocar septicemia en las heridas. En las ciudades, no se deben tolerar depósitos de guano cerca de barrios habitados«. (Meyers Konversations-Lexikon 1888)*

»Die Schiffe, welche den Guano verladen, sind ungeeignet zum Transport einer andern Ladung und dürfen noch weniger Passagiere befördern. Wird die Ladung durch Seewasser feucht, dann können unter der Schiffsmannschaft tödlich verlaufende Fälle vorkommen. Beim Auf- und Abladen des Guanos tritt ein höchst lästiger Staub auf, welcher zum Vorbinden von Schwämmen und Tüchern, die vorteilhaft mit Essig getränkt werden, zwingt. In Wunden kann Guanostaub Blutvergiftung herbeiführen. Guanoniederlagen sind in der Nähe bewohnter Stadtviertel nicht zu dulden.« (Meyers Konversations-Lexikon 1888)

# Der Transport des Peru-Guanos

# *El transporte del guano peruano*

Schiffe in Warteposition vor den Chincha-Inseln. (The Illustrated London News 1863)

*Barcos en posición de espera frente a las Islas Chincha. (The Illustrated London News 1863)*

Vor den Chincha-Inseln lagerten in den Jahren des Guano-Booms eine hohe Zahl von Segelschiffen verschiedenster Länder in Warteposition, um mit Guano beladen zu werden.

Die Verschiffung des Düngers war international organisiert, die Guanotransporte nach Hamburg waren nicht auf Hamburger Schiffe beschränkt. Das macht zum Beispiel die Transport- und Ladungsliste der Kaufleute Witt und Schutte vom 30. Juni 1865 deutlich. Auf ihr sind die verschiedensten Schiffsnamen zu sehen, deren Ziel Deutschland und damit Hamburg war.

*En los años del auge guanero, un gran número de veleros de distintos países esperaban frente a las Islas Chincha para ser cargados con guano.*

*El envío del fertilizante se organizaba internacionalmente. El transporte del guano a Hamburgo no dependía de barcos hamburgueses solamente, esto queda claro. Por ejemplo, en la lista de transporte y carga de los comerciantes Witt y Schutte fechada el 30 de junio de 1865 se muestran los nombres de barcos cuyo destino era Alemania y, por lo tanto, Hamburgo.*

(Links:) »Auflistung der Schiffe, die sich bei den Inseln befanden, um Guano für das Kommissionsgeschäft mit Deutschland zu laden, am 30. Juni 1865.« Nummer, Schiffsname, registrierte Tonnage. Unterzeichnet von Witt & Schutte, Lima, 30. Juni 1865.

*(Izquierda:) »Razón de los buques que se hallaban en las islas cargando guano para la consignación de Alemania, en 30 de Junio de 1865.« Número, Nombre del buque, Toneladas registradas. Firmado por E. Witt y Schutte, Lima, 30 de Junio de 1865.*

# Ferdinand Laeisz

# *Ferdinand Laeisz*

Ferdinand Laeisz (1801–1887) gründete 1824 das Handelsunternehmen F. Laeisz. In seinen Lebenserinnerungen findet man eine Notiz, die auf das Jahr 1846 Bezug nimmt. In dieser beschreibt Laeisz die Vorteile, die er hatte, weil er Konsul der Republik Peru in Hamburg war. Das Amt bekleidete er bis in die 1870er Jahre. Es diente der Festigung der Handelsbeziehungen zwischen Hamburg und Peru.

In der Funktion als Konsul förderte Ferdinand Laeisz entscheidend den Guanoabbau in Peru. In einem Brief aus dem Jahr 1865 informiert er den Außenminister Perus, dass es der Firma Ohlendorff & Co. gelungen sei, Peru-Guano aufzuschließen. Und er erklärt, dass durch die Hinzufügung von Schwefelsäure die Pflanzen den Dünger leichter aufnehmen könnten. Die so genannten »Superphosphate« seien die beste Dünger-Alternative für die Böden Deutschlands und die »Superphosphate« des Peru-Guano dabei noch besser als die der Konkurrenz, welche man so aus dem Markt drängen könnte. Bei den Argumenten für ein solches profitmaximierendes Wirtschaften spielten die extrem prekären Arbeitsbedingungen chinesischer Arbeiter beim Guanoabbau keine Rolle.

*Ferdinand Laeisz (1801–1887) fundó la empresa comercial F. Laeisz en 1824. En sus memorias, se encuentra una nota que hace referencia al año 1846. En ella, Laeisz describe las ventajas de haber sido nombrado cónsul peruano en Hamburgo. Ocupó este cargo hasta la década de 1870, lo que le sirvió para fortalecer las relaciones comerciales entre la ciudad de Hamburgo y el Perú.*

*En su cargo diplomático, Ferdinand Laeisz promovió decisivamente la extracción del guano peruano. En una carta de 1865, Laeisz informó al ministro de Relaciones Exteriores del Perú sobre el exitoso procesamiento del guano peruano por parte de la empresa Ohlendorff & Co. Explicó que el ácido sulfúrico añadido al guano facilitaba la absorción del fertilizante por las plantas. Los llamados »sobrefosfatos« eran la mejor alternativa de abono para los suelos alemanes y el del guano peruano era hasta mejor que el »sobrefosfato« de los competidores, quienes así podrían ser desplazados del mercado. En su argumentación para estas relaciones económicas de maximización de beneficios, no importaban las condiciones de trabajo extremadamente precarias de los trabajadores chinos.*

Der »Laeiszhof« an der Trostbrücke in Hamburg im Jahr 1908.

*El »Laeiszhof« en el puente Trostbrücke, Hamburgo en el año 1908.*

Der Hansahafen zwischen 1890 und 1900. Im Hintergrund – mit einem schwarz-weiß-roten Rumpf – ein Flying P-Liner der Reederei Ferdinand Laeisz.

*El puerto Hansahafen entre 1890 y 1900. Al fondo – con un casco negro blanquirrojo – un »Volador P-Liner« de la compañía naviera de Ferdinand Laeisz.*

In den 1870er Jahren, als der qualitätsvolle Peru-Guano vollends abgebaut war, wandte sich Laeisz Chile zu. Dort fing in Nordchile die Ausbeute von Salpeter für die Düngemittel- und Sprengstoffindustrie Europas im großen Stil an, besonders nachdem Peru 1884 im »Salpeter-Krieg« seine südlichen Gebiete an Chile verloren hatte.

*En los años de 1870, cuando el guano peruano quedó agotado por su saqueo, Laeisz cambió sus intereses comerciales hacia Chile. Allí, en el norte de Chile, se inició la explotación del salitre para la industria europea de fertilizantes y explosivos, sobre todo después de que Perú perdiera sus territorios del sur a favor de Chile en la »Guerra del Salitre« en 1884.*

Postkarte: Eingang der Gewerbe- und Industrieausstellung, Hamburg 1889.

*Tarjeta postal: Entrada a la Exposición de Oficios e Industria, Hamburgo 1889.*

Der Landwirth
erscheint wöchentlich **zweimal**, am
Dienstag und Freitag
und ist durch alle Postanstalten im In- und Ausland für den **vierteljährlichen** Abonnementspreis von 1 **Thaler** zu beziehen.
Durch Buchhandlungen und von der Expedition direct franco unter Kreuzband bezogen, beträgt das Abonnement vierteljährlich 1 Thlr. 5 Sgr.

# Der Landwirth.

Inseraten-Annahmen in
Breslau: die Expedition, Schweidnitzerstr. 47.
Berlin: Rudolf Mosse, Haasenstein & Vogler H. Albrecht, A. Retemeyer.
Frankfurt a/M.: Jäger'sche Buchh., Haasenstein & Vogler, Daube & Comp.
Hamburg: Haasenstein & Vogler.
Leipzig: H. Engler, Eugen Fort, Haasenstein & Vogler, Sachse & Comp.
München: Rudolf Mosse.
Wien: Haasenstein & Vogler.
Dresden: Max Ruschpler.

Insertionsgebühr für die Spaltzeile oder deren Raum 2 Sgr.

**Breslau. Freitag, 16. Februar 1872.** **Achter Jahrgang. — № 14.**

Allgemeine landwirthschaftliche Zeitung.

Organ des landwirthschaftlichen Central-Vereins für Schlesien.

Herausgegeben von
**Wilhelm Korn**, General-Secretair des landw. Central-Vereins für Schlesien,
und
**Dr. Eduard Peters**, General-Secretair des landw. Haupt-Vereins im Reg.-Bez. Posen.

Organ des landwirthschaftlichen Haupt-Vereins im Reg.-Bez. Posen.

»Der Landwirth« war eine Wochenzeitschrift für Schlesien und Posen. (Titelblatt)

*»Der Landwirth« fue un semanario para Silesia y Poznan. (Portada)*

# Die Vermarktung des Peru-Guano

## *La comercialización del guano peruano*

Albertus von Ohlendorff hatte von seinem Vater zwei Dinge »geerbt«: die Kontakte zur Hamburger Kaufmannschaft und die zu den Kreisen der Agrar- und Gärtnerwelt. 1889 richtete er schließlich die Gewerbe- und Industrie-Ausstellung in Hamburg aus, zusammen mit Justus Brinckmann, dem Direktor des Museums für Kunst und Gewerbe.

Lobte in den 1860er Jahren noch eine breite Öffentlichkeit die Unternehmer, denen es zu verdanken sei, dass die deutschen Äcker mit dem »kostbaren Dünger« versorgt werden konnten, änderte sich dies in den 1870ern.

1872 erschien in der Zeitschrift »Der Landwirth« ein Artikel mit dem Titel »Geschäftsreclame unter wissenschaftlichem Deckmantel«. In diesem schreibt der Autor über die in demselben Jahr erschienene Broschüre »Die richtige Würdigung des Peru-Guano«. Er stellt klar, dass diese »Schrift, trotzdem sie zum Theil den Charakter einer objectiv wissenschaftlichen Abhandlung anzunehmen versucht, doch nur eine Gelegenheitsschrift ist im Interesse der Guano-Importeure und der Fabrikanten des aufgeschlossenen Peru-Guanos«.

Der Artikel zeigt, dass Hamburger Peru-Guano-Importeure wie die Ohlendorffs angesichts der zur Neige gehenden peruanischen Guano-Ressourcen versuchten, dies durch Marketingstrategien zu kaschieren. Dennoch war das Ende der Guano-Ära Perus nicht aufzuhalten.

*Albertus von Ohlendorff heredó de su padre los contactos a dos círculos influyentes: al de los comerciantes de Hamburgo y al mundo de la agricultura y jardinería. En 1889, junto con Justus Brinckmann, director del Museo de Artes y Oficios, organizó finalmente la Exposición de Oficios e Industria en Hamburgo.*

*Mientras que en la década de 1860 un amplio público elogiaba a los empresarios, a los que se les agradecía que los campos alemanes pudieran ser abastecidos con el »preciado fertilizante«, esta situación cambió una década después.*

*En 1872, la revista »Der Landwirth« (El agricultor) publicó un artículo titulado »Publicidad comercial bajo disfraz científico«. En este, el autor escribe sobre el folleto »La valoración correcta del guano peruano«, que apareció ese mismo año, y aclara que esta »publicación, aunque intenta asumir el carácter de un tratado objetivamente científico, es solo una divulgación ocasional en interés de los importadores del guano peruano y de los fabricantes del guano desagregado«.*

*El artículo demuestra que los importadores hamburgueses del guano, como los Ohlendorff, trataron de ocultar la menguante calidad del fertilizante mediante estrategias de marketing en vista de la disminución de los recursos guaneros en el Perú. Sin embargo, el fin de la era del guano peruano ya era imparable.*

»Füllhorn« hieß die Marke des Unternehmens »Anglo-Kontinentale (vormals Ohlendorff'sche) Guano Werke«.

*»Füllhorn« (»Cornucopia«) fue la marca de la empresa »Anglo-Kontinentale (vormals Ohlendorff'sche) Guano Werke«.*

»Landwirthschaftlicher Kalender für 1898. Ihrer Kundschaft gewidmet von den Anglo-Kontinentalen (vormals Ohlendorff'schen) Guano-Werken«. Es zeigt ein romantisierendes Titelblatt: Guano-Vögel, die Verschiffung des Guanos und einen Sack mit Ohlendorff'schen Guano-Dünger.

*»Calendario agrícola para 1898, dedicado a sus clientes por la Anglo-Kontinentale (vormals Ohlendorff'sche) Guano Werke«. Muestra una portada romántica: aves guaneras, el carguío del guano y un saco del fertilizante Ohlendorff con guano peruano.*

## Guanolied

Ich weiß eine friedliche Stelle
Im schweigenden Ozean,
Krystallhell schäumet die Welle
Zum Felsengestade hinan.
Im Hafen erblickst du kein Segel,
Keines Menschen Fußtritt am Strand;
Viel Tausend reinliche Vögel
Hüten das einsame Land.

Sie sitzen in frommer Beschauung,
Kein Einz'ger versäumt seine Pflicht,
Gesegnet ist ihre Verdauung
Und flüssig als wie ein Gedicht.
Die Vögel sind all' Philosophen,
Ihr oberster Grundsatz gebeut:
Den Leib halt' allezeit offen
Und alles Andre gedeiht.

Was die Väter geräuschlos begonnen,
Die Enkel vollenden das Werk;
Geläutert von tropischen Sonnen
Schon thürmt es empor sich zum Berg.
Sie sehen im rosigsten Lichte
Die Zukunft und sprechen in Ruh':
»Wir bauen im Lauf der Geschichte
Noch den ganzen Ozean zu.«

Und die Anerkennung der Besten
Fehlt ihren Bestrebungen nicht,
Denn fern im schwäbischen Westen
Der Böblinger Rapsbauer spricht:
»Gott segn' Euch, Ihr trefflichen Vögel
An der fernen Guanoküst' –
Trotz meinem Landsmann, dem Hegel,
Schafft ihr den gediegensten Mist.«

[Joseph Victor] von Scheffel

## *La Canción del Guanc*

*Conozco un lugar tranquilo
en el océano silencioso,
cristalina espuman las olas
en la costa rocosa.
En el puerto no ves ninguna vela,
ni los pasos del hombre en la playa;
muchos miles de aves límpidas
vigilan la tierra solitaria.*

*Se sientan en piadosa contemplación,
ni una sola falta a su deber,
bendita sea su digestión
y fluída como un poema.
Las aves son todos filósofas,
su máxima es:
mantén el cuerpo siempre abierto
y todo lo demás prospera.*

*Lo que los padres empezaron silenciosos,
los nietos completan con trabajo;
purificado por los soles tropicales,
ya se eleva hasta la montaña.
Ven en la luz más rosada
el futuro y hablar en calma:
»en el curso de la historia todavía
construiremos todo el océano«.*

*Y el reconocimiento a los mejores
no falta en sus esfuerzos,
porque lejos, en el oeste de Suabia
el agricultor de colza de Boeblingen, dice:
»Dios os bendiga, excelentes aves,
en la lejana costa guanera, –
a pesar de mi compatriota, el Hegel,
creas el estiércol más sólido«.*

*[Joseph Victor] von Scheffel*

## Guano in Kunst und Kulturkritik

Der Schriftsteller Joseph Victor von Scheffel (1826–1886) wandte sich in seinem humoristischen »Guanolied« gegen die Naturphilosophie Hegels. Der Abdruck des Gedichtes im nebenstehenden Kalender setzt das romantisierende Titelblatt fort.

## *El guano en el arte y la crítica cultural*

*El escritor Joseph Victor von Scheffel (1826–1886) utiliza su poema humorístico »Canción del Guano« para tomar posición contra la filosofía natural de Hegel. La reproducción del poema en el calendario contiguo* refuerza el tenor romántico de la portada.

# Der Film »Tetens & Chiang«

# *La película »Tetens & Chiang«*

»Tetens & Chiang« ist eine fiktive Wechselrede zwischen einem Hamburger Kapitän und einem chinesischen Zwangsarbeiter, die um Mitte des 19. Jahrhunderts stattgefunden haben könnte.

Zwei Welten treffen dabei aufeinander: die Welt des Kapitäns Tetens, der chinesische Arbeiter nach Peru bringt und Guano-Dünger von den pazifischen Guano-Inseln Perus nach Europa verschifft. Und die Welt chinesischer Arbeiter, die nach Peru gelockt wurden und im Guanoabbau tätig sein mussten.

Ich bin Alfred Tetens und habe das Licht der Welt am 1. Juli 1835 in Wilster in Holstein erblickt.

1863 wurde ich zum Kapitän eines großen amerikanischen Klipperschiffes ernannt. Die unter peruanischer Flagge segelnde PERSEVERANCIA war zur Überführung von 600 chinesischen Auswanderern, sogenannten Kulis, von Macao, der portugiesischen Besitzung in China, nach Peru bestimmt.

*Soy Alfred Tetens y nací el primero de julio de 1835 en Wilster, Holstein.*

*En 1863 fui nombrado capitán de un gran clíper norteamericano de nombre PERSEVERANCIA, que navegando bajo bandera peruana, estaba destinado al traslado de 600 emigrantes chinos, llamados culíes, desde Macao, la posesión portuguesa en China, hacia el Perú.*

*»Tetens & Chiang« es un intercambio ficticio entre un capitán de Hamburgo y un trabajador forzado chino que puede haber tenido lugar a mediados del siglo XIX.*

*Es una película sobre dos mundos: el mundo del Capitán Tetens, que trae trabajadores chinos a Perú y transporta guano desde las islas peruanas del Pacífico a Europa, y el mundo de los trabajadores chinos, que fueron llevados al Perú y obligados a trabajar en la extracción del guano.*

Ich bin Chiang, aber ich könnte auch Lau, Siu oder Uong sein. Denn ich erzähle hier nicht nur von mir, sondern von den über 100.000 Landsleuten meiner Heimat, die unter falschen Versprechungen und Täuschungen nach Peru gebracht worden sind.

Ich komme aus dem Kanton Hoy Peng in der Provinz Kwangtung. Meine Familie war sehr arm. Als wir hörten, dass es in einem fernen Land Arbeit gäbe, machte ich mich auf den Weg. Ich sehe noch den Blick meiner Mutter, die vielleicht schon ahnte, dass sie mich nie wiedersehen würde.

*Soy Chiang, pero también podría ser Lau, Siu o Uong. Porque no me refiero solo a mí, sino a los más de 100 000 compatriotas traídos al Perú bajo falsas promesas y engaños.*

*Nací en el cantón Hoy Peng, provincia de Kwangtung. Mi familia era muy pobre. Cuando escuché que había trabajo en un país lejano, emprendí la marcha. Todavía puedo ver los ojos de mi madre, quien quizás ya sabía que no me volvería a ver nunca más.*

Hier gibt es den Film zu sehen:
*Aquí se puede ver la película:*
https://vimeo.com/708113410

Karte der Guano-Inseln, -Inselchen und -Felsen. (Quelle: Sernanp, Peru, 2010)

*Mapa del Sistema de Islas, Islotes y Puntas Guaneras. (Fuente: Sernanp, Perú, 2010)*

# PERU

# *PERÚ*

Der Befreier Simón Bolívar schreibt in einem Brief an Antonio José de Sucre am 24. Mai 1823, während er auf ein Darlehen und Waffen aus London wartete, Folgendes:

»Vorrangig England ist an diesem Geschäft interessiert, da es mit allen freien Völkern Amerikas und Europas eine Liga [...] bilden möchte, um sich an deren Spitze zu stellen und die Welt zu führen. Es ist nicht im Interesse Englands, dass eine europäische Nation wie Spanien [...] einen Besitz wie Peru in Amerika aufrechterhält. England bevorzugt ein unabhängiges Peru, mit schwacher Macht und einer fragilen Regierung. Deshalb wird England unter jedem Vorwand die Unabhängigkeit Perus unterstützen.«

*El libertador Simón Bolívar, mientras esperaba un crédito y armas de Londres, le escribió a Antonio José de Sucre el 24 de mayo de 1823:*

*»La Inglaterra es la primera interesada en esta transacción, porque ella desea formar una liga con todos los pueblos libres de América y de Europa [...], para ponerse a la cabeza de estos pueblos y mandar el mundo. A la Inglaterra no le puede convenir que una nación europea [...], como la España, tenga una posesión como el Perú en América; y preferirá que sea independiente bajo un poder débil y un gobierno frágil, así, con cualquier pretexto apoyará la independencia del Perú«.*

# Peru im 19. Jahrhundert

# *El Perú en el siglo XIX*

Nach drei Jahrhunderten von Aufständen, Rebellionen und Kriegen gegen die spanische Kolonial-Herrschaft verkündete Peru am 28. Juli 1821 endlich seine Unabhängigkeit. Der peruanische Historiker Javier Tantaleán Arbulú schreibt, Peru erfüllte zu der Zeit »keine der Grundvoraussetzungen, um als System staatlicher Regierbarkeit zu gelten.« Es war eine »Phase gewaltsamer Konfrontationen zwischen Militärführern« und des »ständigen Kampfes um die Eroberung der Macht.«

*Después de tres siglos de levantamientos, rebeliones y guerras contra el dominio colonial español, el Perú proclamó finalmente su independencia el 28 de julio de 1821. El historiador peruano Javier Tantaleán Arbulú escribe que el Perú de entonces no cumplía »ninguna de las condiciones básicas para ser considerado un sistema de gobernabilidad«. Era »una etapa de confrontaciones violentas entre caudillos militares«, y »de lucha permanente por la conquista del poder«.*

## Wie machte sich Peru wieder abhängig?

Um die Kämpfe und Kampagnen für die Unabhängigkeit zu finanzieren, musste Peru Kredite von Einzelpersonen und Regierungen wie Chile, Kolumbien und Großbritannien aufnehmen. Großbritannien war sehr daran interessiert, das spanische Monopol bei den peruanischen Rohstoffen zu brechen und gleichzeitig einen neuen Markt für seine Industrieprodukte zu erschließen.

## *¿El Perú, nuevamente dependiente?*

*Para financiar las luchas y campañas independentistas, el Perú tuvo que acudir a préstamos de personas particulares y Gobiernos como Chile, Colombia y Gran Bretaña. Gran Bretaña estaba muy interesada en romper el monopolio español de las materias primas peruanas y a la vez establecer un nuevo mercado para sus productos manufacturados.*

Die Schlacht von Ayacucho: Erst 1824 gelang die Unabhängigkeit Perus von Spanien. (Gemälde: M. Tovar y Tovar)

*La Batalla de Ayacucho: La independencia del Perú de España no se logró hasta 1824. (Pintura: M. Tovar y Tovar)*

# Perus Guano-Geschäft

# *El negocio del guano en el Perú*

1840 überließ Peru im Rahmen eines Pachtvertrags die Ausbeutung der Guano-Inseln dem peruanischen Kaufmann Francisco Quiroz. Ab 1847 übergab man die Gewinnung, den Transport und den Verkauf des Guanos gegen Provision an Kommissionäre. Dahinter verbargen sich Unternehmen oder Einzelpersonen.

Mit Guano als Haupteinnahmequelle für Steuereinnahmen begann für Peru eine Zeit des wirtschaftlichen Wohlstands, der politischen Stabilität und der Gewährung neuer Geldanleihen. Es wird angenommen, dass Peru während des Guano-Booms etwa 12 Millionen Tonnen Guano im Wert von 500 Millionen US-Dollar exportiert hat.

Mit den Guano-Erlösen beseitigte Marschall Ramón Castilla 1854 einen von den Indigenen seit der Kolonialzeit abverlangten Tribut. Er finanzierte auch die Abschaffung der Sklaverei für Menschen afrikanischer Abstammung durch Entschädigungszahlungen an ehemalige Sklavenhalter. Viele von ihnen stiegen mit diesem Kapital in das Guano-Geschäft ein. Die nachfolgenden Regierungen investierten die Einnahmen in die Infrastruktur und finanzierten Konflikte gegen Spanien, das von 1864 bis 1866 die Chincha-Inseln besetzt hielt, und den sogenannten »Salpeter-Krieg« von 1879 bis 1884 gegen Chile.

*En 1840, el Perú, en virtud de un contrato de arrendamiento, entregó la explotación de las islas guaneras al comerciante peruano Francisco Quiroz, y a partir de 1847, la extracción, transporte y venta a consignatarios a cambio de una comisión. Estos consignatarios bien podían ser empresas o particulares.*

*Con el guano como principal fuente de ingresos fiscales, el Perú entró en un periodo de prosperidad económica, estabilidad política y de concesión de nuevos préstamos. Se considera que durante el boom del guano, el Perú exportó cerca de 12 millones de toneladas de guano con un valor de 500 millones de dólares norteamericanos.*

*Con lo recaudado, el mariscal Ramón Castilla en 1854 abolió el tributo indígena cobrado desde la época colonial y financió la abolición de la esclavitud de los afrodescendientes mediante indemnizaciones a los antiguos esclavistas. Con este nuevo capital, muchos de ellos entraron al negocio del guano. Los Gobiernos posteriores invirtieron los ingresos en infraestructuras y financiaron los conflictos contra España, que ocupó las Islas Chincha de 1864 a 1866, y contra Chile en la llamada »Guerra del Salitre« de 1879 a 1884.*

Infrastrukturprojekt: Die Eisenbahnlinie von Lima nach La Oroya. Der Viadukt Verrugas wurde 1873 fertiggestellt.

*Proyecto de infraestructura: La línea ferroviaria de Lima a La Oroya. El viaducto de Verrugas se completó en 1873.*

Die Einnahmen aus der peruanischen Guano-Ära dienten auch dem Aufbau der Bürokratie. Zu einer nachhaltigen Entwicklung der peruanischen Wirtschaft konnten sie dagegen weniger beitragen. Vielmehr führten sie zu einer Wirtschaftsform, die auf Spekulationen basierte. So entstand eine wohlhabende, parasitäre Oberschicht, die zur Verarmung der Unterschichten führte.

*Sin embargo, los ingresos de la »Era del Guano« también sirvieron para incrementar la burocracia. No se logró un desarrollo sostenible de la economía, por el contrario, los ingresos condujeron a un sistema económico basado en la especulación y dieron origen a una burguesía rica y parasitaria que llevó al mayor empobrecimiento de las clases bajas.*

Fig. 1.—HILL OF GUANO AT THE CHINCHA ISLANDS.

## GUANO.

The Chincha islands, whence have come the immense supplies of the well known fertilizer termed "guano," consist of a group of three small islands, which rise from the sea at a distance of fourteen miles from the coast of Peru, to which government they belong. These islands vary in hight from 150 to 300 feet, are about a mile in diameter, and the guano is found upon them in the form of a covering or deposit of varying depths, but in some cases 150 feet in thickness, the underlying rocks being of volcanic character.

Our engravings show the manner in which the valuable commodity is mined. The laborers employed are Chinese coolies, who are obliged, at the point of the bayonet, to submit to a servitude more galling than African slavery.

One of the views (Fig. 1) shows the largest remaining hill of guano, which is carted in dirt cars to the brink of the cliffs, and then dumped (Fig. 2) into cribs, from the lower corners of which it is made to slide down through strong canvas chutes into small boats, shown in Fig. 3.

Fig. 3.—SHOOTING THE GUANO INTO THE BOATS.

The mode of fastening the chutes to the boats, so as to prevent loss of the material, will be readily understood by a glance at the engraving. The small boats convey the guano to the ships which ride at anchor at some little distance from the islands. It is not uncommon to find over a hundred ships, of various nations, waiting to receive cargoes of the precious earth, which they convey to all parts of the civilized world. Many millions of tuns of guano have been removed from these islands during the past thirty years, and their supply is now approaching exhaustion. There are twelve other guano islands on the Peruvian coast, which are now being worked; among them are the Guanape islands, which are north of the Chinchas. Other islands in the Pacific furnish guano, as, for example, Jarvis and Baker's islands.

It was formerly the popular belief that the guano deposits were wholly the excreta of wild birds, but careful investigations of geologists show that this is

Fig. 2.—DUMPING THE GUANO INTO THE CRIBS.

# Der Abbau des Peru-Guano

## *La extracción del guano peruano*

Der Abbau des Guanos erfolgte von Hand, mit Hilfe von Hacken und Schaufeln, durch Schaben mit Brechstangen und mit Schießpulver. Der ungesunde Guano-Bruch wurde dann in Säcken auf den Schultern oder in Karren, die von Maultieren gezogen wurden, zu Füll-Trichtern gebracht. Diese waren mit Segeltuchschläuchen verbunden, wodurch der Guano direkt in die Schiffe gelangte oder in Booten zu diesen transportiert wurde.

Die Arbeitsbedingungen waren willkürlich geregelt und die Löhne sehr niedrig. Jeder Arbeiter musste täglich vier Tonnen Guano abbauen. Gearbeitet wurde an sechs oder sogar sieben Tage die Woche, von 5 bis etwa 11 Uhr morgens. Nach einer Pause ging die Arbeit dann bis Sonnenuntergang weiter. Häufig kam es zu Unfällen. Außerdem verursachten das feuchte Klima und der Staub des Guanos Reizungen in der Nase, in den Augen und Lungenerkrankungen.

Auch nach dem offiziellen Ende des Sklaverei-Systems 1854 führten die peruanischen Guanohändler die sklavereiartigen Arbeitsbedingungen, wie in den Minen, weiter fort und benutzten Andenbewohner, Afro-Nachkommen, Sträflinge, zeitweise chilenische und bolivianische Hilfsarbeiter sowie chinesische Zwangsarbeiter für ihre Interessen.

*Incluso después de haber sido abolido el sistema de esclavitud en 1854, los comerciantes guaneros continuaron con las condiciones de trabajo tipo esclavitud como en la minería, utilizando para sus intereses a trabajadores de origen andino, afrodescendientes, convictos y por una época a peones chilenos, bolivianos y colonos chinos semiesclavizados.*

*La extracción del guano peruano se hacía a mano, con ayuda de picos y lampas, raspando con barretas y explotaciones con pólvora. La cosecha del guano, insalubre, se transportaba hasta las tolvas en sacos cargados al hombro o en carretillas jaladas por mulas. Las tolvas estaban conectadas a mangueras de lona, lo que permitía que el guano ingresara directamente a los barcos o fuera transportado hasta ellos en lanchas.*

*La explotación guanera, fue básicamente una ocupación realizada con contratos arbitrarios o con una paga muy reducida. Cada trabajador tenía que extraer cuatro toneladas de guano diarias. Se trabajaba seis o incluso siete días a la semana, desde las 5 de la mañana hasta las 11 aproximadamente. Tras una pausa, el trabajo continuaba hasta la puesta de sol. Accidentes eran muy frecuentes. Además, el clima húmedo y el polvo del guano provocaban ardor en la nariz, los ojos y enfermedades pulmonares.*

Illustrierter Artikel über den Guanoabbau auf den Chincha-Inseln. (Scientific American 1872)

*Artículo ilustrado sobre la extracción del guano en las Islas Chincha. (Scientific American 1872)*

# Die chinesischen Kontraktarbeiter

## *Los trabajadores chinos contratados*

Zwischen 1849 und 1874 wanderten circa 100.000 chinesische Arbeiter nach Peru ein. Ihre Reise dauerte rund vier Monate. Wegen der Überbelegung der Schiffe und der problematischen Hygienesituation an Bord überlebten viele die Reise nicht.

Das »Chinesische Gesetz« von 1849 regelte die Einwanderung nach Peru. Laut Vertrag mussten die »asiatischen Siedler« gegen einen geringen Lohn jede Arbeit ausführen, die ihnen aufgetragen wurde, es war ihnen untersagt, sich ohne Erlaubnis eine andere Arbeit zu suchen oder für sich selbst zu arbeiten. Damit verrichteten sie Zwangsarbeit. Sie erhielten vier Pesos monatlich für einen Verpflichtungszeitraum von fünf bis acht Jahren, abzüglich der Krankheitszeiten. Davon mussten sie einen Peso pro Monat für ihre Reise nach Peru abbezahlen.

Die chinesischen Kontraktarbeiter wurden auch zum Abbau von Guano auf den Inseln eingesetzt. Hier waren die Arbeitsbedingungen extrem schlecht: arbeiten bis zur Erschöpfung, schlechte Ernährung und Folterungen. Dazu gehörten tägliches Auspeitschen, tagelanges Aufhängen an Seilen ohne Nahrung oder das Binden an Bojen im Wasser, was der Arbeiter, wenn die Flut kam, nicht überlebte.

*Entre 1849 y 1874, emigraron al Perú cerca de 100.000 trabajadores chinos. Por razones de sobrecarga y hacinamiento, el transporte en barco que duraba unos cuatro meses resultaba con altos índices de mortandad.*

*La »Ley China« de 1849 reguló la inmigración al Perú. Según el contrato, los »colonos asiáticos« a cambio de un salario reducido tenían que realizar cualquier labor que se les asignara; tenían prohibido buscar otro empleador sin permiso o trabajar independientemente. Esto significaba que realizaban un trabajo forzado. Recibían cuatro pesos mensuales durante un periodo estipulado de cinco a ocho años, descontados los días de baja por enfermedad. Además, tenían que pagar un peso mensual para solventar los gastos del viaje al Perú.*

*El empleo también se circunscribió a la extracción del fertilizante en las islas guaneras. Aquí, era mucho más difícil sobrevivir por el trabajo hasta el agotamiento, la mala alimentación y la tortura. Esta última incluía azotes diarios, ser colgado de la cintura durante días sin alimentación o ser atado a una boya y ser sumergido al mar hasta la subida de la marea.*

Kuli(s), coolie(s): ist der koloniale Begriff für asiatische Arbeitskräfte, die unter den Bedingungen der Halbsklaverei angeheuert wurden. Im Fall von Peru waren es chinesische Arbeiter, die von Macau aus ins Land kamen, um auf den Plantagen der Küste und auf den Guano-Inseln zu arbeiten.

NEGATIVE BY H. MOULTON. POSITIVE BY A. GARDNER.

Rays of Sunlight from South America.

CHINAMEN WORKING GUANO—GREAT HEAP—CHINCHA ISLANDS.

Chinesische Arbeiter beim Guanoabbau am steilen Felsen einer der Chincha-Inseln. (Foto: Moulton. o. J.)

*Trabajadores chinos extrayendo guano en el escarpado acantilado de una de las Islas Chincha. (Foto: Moulton. s.f.)*

*Culí(es): es el término colonial utilizado para nombrar a la mano de obra asiática, contratada en condiciones de semiesclavitud. En el caso peruano: trabajadores chinos, embarcados en el puerto de Macao, para trabajar en las plantaciones agrícolas costeñas y en las islas guaneras.*

64

**Haber**

en su apreciable Oficio de 18 del que corre, diré á V.; que al efecto he hecho la respectiva prevencion al Interventor Fiscal para que se cumpla estrictamente lo estipulado en dicha clausula, siempre que sea necesario medir el guano. = Dios &. = Arguedas.

En.º 23

S.r Secret.º de Hacienda

Con el informe respectivo tengo el honor de devolver á V.S. la solicitud presentada á esa Secret.ª por los S.S. Consignatarios de Francia para que V.S. se sirva resolver lo que creyere conveniente = Dios &. —

En.º 23.

Al Capitan de Puerto.

Acabo de recibir su oficio de esta fecha y enterado de su contenido, diré á V.; que no es el deseo de ingerirse en asuntos de la Capitanía el que anima á esta Intend.ª sino el de cumplir y hacer cumplir á todas las autoridades con sus deberes — Desde que V. manda unos marineros presos al Cuartel que está bajo la inmediata orden de esta Intend.ª, debió V. dirijirse á mí para estar al corriente de todo lo que tienda á comprometerme en el buen desempeño de mi cargo, pues no teniendo los marineros de la Fragata Nacional "Carmen Coriche" compromiso alguno que los obligue á seguir trabajando á bordo de este, no veo la razon por la cual se les exija su embarque á dicho buque, mucho mas cuando siendo el dueño y Capitan españoles mal podrian tratar á los Peruanos y Chilenos que son los marineros, desque V. no ignora la guerra en que estas dos Repúblicas se encuentran con España. = Sin embargo, V. puede disponer de estos hombres tal como lo juzgue mejor, asegurandole sí, que de cualquier mal resultado que ellos tengan, lo hago á V. desde ahora seriamente responsable por mediar la circunst.ª que dejo expuesta últimamente = Dios &. Arguedas.

Id. 23

S.r Representante de la Casa de Bryce.

Por disposicion Suprema se servirá V. proceder á retirar el ponton existente en el fondeadero de estas Islas al Puerto de Pisco donde podrá desembarcar las provisiones que contiene; fijandole á V. por término perentorio veinte y cuatro horas contadas desde el momento en que recibe la presente p.ª el cumplim.to de esta disposicion. = Dios &. Arg.s

Id. 26.

Señor Secret.º de Gob.no

Anoche á eso de las 7 se dió parte á esta Intend.ª que los Colonos Asiaticos de la Isla del Medio se habian insubordinado contra sus Caporales é inmediatamente mandé parte de la Guarnicion con el fin de conseguir traerlos al orden; mas por ser ya algo tarde no se pudo conseguir nada y habiendo ido yo á las cinco de la mañana de este dia con el resto de la Guarnicion, logré el restablecimiento del orden sin poder haber evitado la muerte de cuatro Caporales que fueron asesinados desde el principio del motin. = Parece que dichos Chinos exasperados por el tremendo maltrato que sufren en el trabajo y mas que todo en el alimento y demas precisas necesidades de la vida, han dado este paso que sería de desear no se volviese á repetir porque en las actuales circunstancias nada prudente creo que esta Intend.ª tenga que distraerse en asuntos de esta naturaleza cuando tiene que estar pendiente de otros de grandes import.ª, y que desearia llenar con la mas patriótica exactitud. = Dios &. = Arguedas.

Id. 27.

Al Representante de la Casa Cargadora.

No pudiendo quedar impune la insubordinacion de los Colonos de esa Casa que se ha efectuado ayer sin que sean castigados debidamente los cabezillas de tal motin, tomará V. á la mayor brevedad posible las medidas tan eficaces como prudentes á fin de conseguir aprehenderlos y evitar nuevos escandalos como el de ayer á que ya me he contraido debiendo V. poner á disposicion de esta Intend.ª á esos hombres para que sean severam.te juzgados = Y para lograr este objeto pedirá V. al Jefe de la Guarnicion la respectiva fuerza cuando lo considere oportuno. — Dios &. — Arguedas.

# Der Aufstand der Chinesen

# *El motín de los chinos*

Aufgrund der unmenschlichen Arbeitsbedingungen auf den Guano-Inseln kam es zu Meutereien und Aufständen mit Toten. Diese Aktennotiz von 1866 erzählt davon:

## Chinesischer Aufstand

»Herr Sekretär der Regierung.
Gestern Abend gegen 9 Uhr wurde dieser Verwaltung gemeldet [...], dass die asiatischen Siedler der Mittelinsel sich gegen ihre Vorarbeiter aufgelehnt hätten, und ich schickte sofort einen Teil der Garnison, um sie zur Ordnung zu bringen, aber da es schon etwas spät war, konnte ich nichts mehr erreichen, und als ich mich heute Morgen um fünf Uhr mit dem Rest der Garnison dorthin begab, gelang es mir, die Ordnung wiederherzustellen, ohne dass ich den Tod von vier Vorarbeitern habe verhindern können, die seit Beginn der Meuterei getötet worden waren. Es scheint, dass die besagten Chinesen, rasend geworden aufgrund der enormen Misshandlungen, die sie bei der Arbeit und vor allem in Bezug auf Lebensmittel und anderen Zwängen und Lebensnotwendigkeiten erleiden, diesen Schritt unternommen haben, von dem es wünschenswert wäre, ihn nicht zu wiederholen, denn unter den gegenwärtigen Umständen halte ich es nicht für klug, dass diese Verwaltung durch Angelegenheiten dieser Art abgelenkt wird, wenn sie sich mit anderen wichtigen Aufgaben befassen muss, die sie mit der größten patriotischen Genauigkeit ausführen möchte. Gott beschütze Sie.
Arguedas«

Der Aufstand der Chinesen am 26. Januar 1866: Protokoll des Verwaltungsbeamten Pablo Arguedas an den Regierungssekretär.

*El motín de los chinos del 26 de enero 1866. Nota de Acta del Intendente Pablo Arguedas al Secretario de Gobierno.*

*Debido a las condiciones de trabajo inhumanas en las islas guaneras, hubo motines y sublevaciones. Esta nota de 1866 informa sobre ello:*

## *Motín de los Chinos*

*»Señor Secretario de Gobierno.*
*Anoche a eso de las 9 se dio parte a esta Intendencia [...] que los colonos asiáticos de la Isla del Medio, se habían insubordinado contra sus caporales e inmediatamente mandé parte de la guarnición con el fin de conseguir traerlos al orden, más por ser ya algo tarde no se pudo conseguir nada y habiendo ido yo a las cinco de la mañana de este día con el resto de la guarnición, logré el restablecimiento del orden sin poder haber evitado la muerte de cuatro caporales que fueron asesinados desde el principio del motín. Parece que dichos chinos exasperados por el tremendo maltrato que sufren en el trabajo y más que todo en el alimento y demás apremios y necesidades de la vida han dado este paso que sería desear no se volviese a repetir porque en las actuales circunstancias nada prudente creo que esta intendencia tenga que distraerse en asunto de esta naturaleza cuando tiene que estar pendiente en otros de grande importancia y que desearía llenar con la más patriótica exactitud.*
*Dios guarde a Usted.*
*Arguedas«*

# Der Abbau des Peru-Guano heute

## *La extracción del guano peruano hoy en día*

Bereits im Jahr 1909 wurde das staatlich verwaltete Unternehmen »Compañía Administradora de Guano (CAG)« zum Schutz der Guano-Inseln gegründet. Es kam zu einem Export-Verbot des Düngers, zu strengen Schutzmaßnahmen während der Vogel-Brutzeit und zu einer Einschränkung des Fischfangs, um die Nahrungsversorgung der Vögel zu verbessern. In der Folge nahm die Menge des Guanos auf den Inseln wieder zu. Seit Mitte des 20. Jahrhunderts bedrohen aber die industrielle Fischerei, in der letzten Zeit darüber hinaus der Klimawandel die Fisch- und Vogelwelt der Inseln.

Guano wird heute hauptsächlich an kleine peruanische Biobauernbetriebe verkauft. Die Gewinnung erfolgt weiterhin per Hand ohne Maschinen, um das Ökosystem der Inseln nicht zu gefährden. Die Arbeiter sind Bauern aus dem Andenhochland, die auf saisonaler Basis angestellt werden.

*En 1909 se fundó la Compañía Administradora de Guano (CAG), administrada por el Estado, para proteger las islas guaneras. Se detuvo la exportación del guano, se establecieron estrictas normas de protección para no perturbar la época de anidamiento y se restringió la pesca alrededor de las islas para garantizar la base alimentaria a las aves. Con el tiempo, se logró un aumento constante del guano. Sin embargo, desde mediados del siglo XX, la pesquería industrial y, desde hace algún tiempo, el cambio climático, vienen poniendo en peligro el entorno natural de las islas.*

*Hoy en día, el guano se vende sobre todo a pequeños agricultores orgánicos peruanos. La extracción sigue siendo artesanal y sin maquinaria para no afectar el ecosistema de las islas. Los trabajadores son campesinos andinos contratados por temporadas.*

Links: Abbau des Peru-Guanos heute.
Oben: Transport des Guano zur Weiterverarbeitung.

*Izquierda: La extracción del guano peruano hoy en día.*
*Arriba: Transporte del guano para su procesamiento.*

*En 2009 se creó un Sistema de Reserva Nacional, que protege una veintena de islas e islotes. Su objetivo es conservar el ecosistema del mar frío, la biodiversidad de las islas y los recursos culturales e históricos de la región. Además se estimula el turismo responsable, la educación y los métodos de producción sostenibles.*

Seit 2009 gibt es ein Reservat zum Schutz von zweiundzwanzig Guano-Inseln. Ziel ist es, das Ökosystem des Meeres, die biologische Vielfalt auf den Inseln und die kulturellen und historischen Ressourcen zu erhalten. Ein verantwortungsvoller Tourismus, Bildung und nachhaltige Produktionsweisen gehören dazu.

Oben: Stapeln verkaufsfertiger Säcke.
Rechts: Düngen der Felder mit Guano im Andenhochland.

*Arriba: Amontonamiento de sacos listos para la venta.*
*Derecha: Fertilización de las chacras andinas con guano.*

## Kurzfilm: Auf den Guano-Inseln heute

## *Cortometraje: En las Islas Guaneras hoy*

Guano – der Vogelkotdünger der peruanischen Pazifikinseln wurde im 19. Jahrhundert komplett abgebaut.

Wie ist die Situation auf den Inseln heute? Gibt es einen Schutz für dieses einzigartige Ökosystem? Wird der Dünger noch heute abgebaut und unter welchen Bedingungen geschieht dies?

Der Kurzfilm geht diesen Fragen nach.

*El guano, el fertilizante de los excrementos de aves de las islas del Pacífico peruano, fue completamente extraído en el siglo XIX.*

*¿Cuál es la situación en las islas hoy? ¿Existe protección para este ecosistema único? ¿Todavía se extrae este fertilizante y bajo qué condiciones?*

*El cortometraje explora estas preguntas.*

Zweiundzwanzig peruanische Guano-Inseln stehen seit 2009 unter Naturschutz.

*Las veintidós islas guaneras peruanas son parte del sistema de reservas naturales bajo protección desde 2009.*

Etwa alle zehn Jahre, wenn sich eine ausreichend dicke Schicht Guano gebildet hat, wird der Vogelkot manuell abgebaut. Maschineller Abbau würde das Ökosystem der Inseln zu sehr schädigen.

*Aproximadamente cada diez años, cuando se ha formado una capa suficientemente gruesa de guano, los excrementos de las aves son retirados manualmente. La extracción mecánica afectaría demasiado al ecosistema de las islas.*

Die Vogelwelt leidet trotzdem: unter der industriellen Überfischung der Küstengewässer und unter dem Klimawandel, der die Fischbestände immer geringer werden lässt.

*Sin embargo, el mundo de las av padece y su población disminuy debido a la sobrepesca industrial en las aguas costeras y al cambio climático.*

Hier gibt es den Film zu sehen:
*Aquí se puede ver el cortometraje:*
https://vimeo.com/705763529

Silberne Gewandnadel mit der Figur eines Kormorans. Vermutlich Chimú. (Museum Fünf Kontinente, München)

*Alfiler de plata con la figura de un guanay. Probablemente Chimú. (Museum Fünf Kontinente, Munich)*

# ARCHÄOLOGIE
# *ARQUEOLOGÍA*

*¿Qué es la investigación de procedencia?*

*Hoy en día, los objetos en los museos no solo deben presentarse en función a la región, la cultura y el material, sino también deben ser contextualizados. En el caso de los objetos de las islas guaneras, esto significaría explicar las circunstancias en que fueron encontrados y en el contexto de la era del guano. Esto incluye también la mención de las etapas del traslado a Europa hasta el paradero en el museo. De lo contrario, solo conoceremos una parte de la historia de los objetos. Es sorprendente que a menudo la historia completa de un objeto también tenga que ver con una historia personal.*

Was ist Provenienzforschung?

Museumsobjekte sollten heute nicht nur bezüglich Region, Kultur und Materialien präsentiert, sondern auch kontextualisiert werden. Bei den Objekten der Guano-Inseln hieße dies, die Umstände ihrer Auffindung im Kontext der Guano-Ära zu erklären. Die Stationen der Reise nach Europa bis zum Verbleib im Museum gehören auch dazu. Sonst erfahren wir nur einen Teil der Objekt-Geschichte. Es ist erstaunlich: Häufig hat die komplette Geschichte auch mit der eigenen Geschichte zu tun.

Das Johanneum am Domplatz. Hier erhielt das »Culturhistorische Museum« die Holzfigur der Insel Macabí.

*El Johanneum en el Domplatz. Aquí el »Museo de Historia Cultural« recibió la estatua de madera de la Isla Macabí.*

# Was nahmen die Europäer sonst noch mit?

## *¿Qué más se llevaron los europeos?*

Durch den Guanoabbau wurden von den Arbeitern unter den Guanoschichten auch vorspanische Objekte aus Holz, Keramik, Muschelschalen und Textilien gefunden. Diese fielen in die Hände von Kapitänen, die sie nach Europa brachten. Oder sie wurden direkt vor Ort verkauft. In einer Kette von Weitergaben gelangten sie auch in europäische Museen.

Im heutigen Museum MARKK in Hamburg befinden sich drei im Jahr 1872 vom Rostocker Kaufmann Wilhelm Scheel gespendete Holzfiguren. Sie stammten von der peruanischen Insel Macabí, auf der Anfang der 1870er Jahre begonnen wurde, Guano abzubauen. Wilhelm Scheel hatte in Rostock eine chemische Fabrik und war dort auch dänischer Konsul. Möglicherweise gelangte er aufgrund dieses Amtes in den Besitz der Objekte, wenn nicht sogar im Zuge von Handelsaktivitäten für seine Fabrik.

Das MARKK war 1871 als »Culturhistorisches Museum» gegründet worden und hatte sich zur Aufgabe gemacht, »culturgeschichtliche Gegenstände aller Zeiten und Länder im Interesse der nützlichen Gewerbe und der allgemeinen Belehrung« zu sammeln. Es war die Zeit, in der überall in den größeren Städten Europas »völkerkundliche« Museen entstanden. Das Hamburger Museum wurde von Menschen gegründet, die zum gebildeten Bürgertum gehörten. Neben der Erlangung wissenschaftlicher Erkenntnis durch das Sammeln versprach man sich einen Zuwachs an internationalem Renommée, das der Stadt Hamburg zugute kommen sollte.

*Durante la extracción del guano, los trabajadores también encontraron objetos prehispánicos de madera, cerámica, conchas y textiles bajo las capas del guano. Estos cayeron en manos de capitanes que los llevaron a Europa. O se vendían directamente en tierra firme. En una cadena de transmisión también llegaron a los museos europeos.*

*En el actual Museo MARKK de Hamburgo hay tres estatuas de madera donadas en 1872 por el comerciante de Rostock Wilhelm Scheel. Provienen de la isla peruana Macabí, en donde se comenzó a extraer el guano a principios de la década de 1870. Wilhelm Scheel era propietario de una fábrica de productos químicos y también cónsul danés en Rostock. Posiblemente obtuvo los objetos debido a su cargo diplomático o en el curso de las actividades comerciales de su fábrica.*

*El MARKK fue fundado en 1871 bajo el nombre de »Museo de Historia Cultural« con la tarea de coleccionar objetos de todos los países y épocas para provecho de los oficios prácticos y de la enseñanza en general. Eran aquellos los tiempos en que surgían museos »etnológicos« en las grandes ciudades europeas. El museo de Hamburgo fue fundado por personas que pertenecían a la burguesía culta que, además de la adquisición de conocimientos científicos a través del coleccionismo, esperaban que el museo beneficiara a la ciudad de Hamburgo con un renombre internacional.*

*Corona de plata con pelícanos, Chimú (1100 a 1470 d. C.)*

*Como exitosas pescadoras, las aves guaneras llamaron la atención de las sociedades costeras prehispánicas, fuertemente orientadas hacia los recursos marinos. Los pelícanos también se pueden encontrar en la cerámica y en los textiles Chimú, como en esta corona de plata. (Museo Larco, Lima Perú)*

Silberne Krone mit Pelikanen, Chimu. (1100 bis 1470 n. Chr.)

Als erfolgreiche Fischer lenkten Guano-Vögel die Aufmerksamkeit der vorspanischen Küstengesellschaften auf sich, die stark auf die Ressourcen des Meeres ausgerichtet waren. Pelikane finden sich, wie an dieser silbernen Krone, auch in der Keramik und auf den Textilien der Chimu wieder. (Museo Larco, Lima Peru)

# Heilige Orte

# *Lugares sagrados*

Für die vorspanischen Gesellschaften des peruanischen Küstengebietes waren die Guano-Inseln heilige Orte. Da man auf ihnen aufgrund von Süßwassermangel nicht dauerhaft leben konnte, wurden die Inseln saisonal genutzt. Zum einen für rituell-religiöse Aktivitäten und Opferungen, zum anderen für die Gewinnung von Guano als Dünger.

Eine dieser Küsten-Gesellschaften war das Chimu-Reich (1100–1470 n. Chr.). In den Kunstobjekten der Chimu ist der Pelikan besonders häufig vertreten. Er wurde vermutlich als Gottheit verehrt, die im Zusammenhang mit dem Meer stand, denn auf die Ressourcen des Meeres waren die Küstenbewohner:innen besonders angewiesen.

Von der auf die Chimu- folgenden Inka-Zeit (1470–1532 n. Chr.) ist bekannt, dass die Gewinnung von Guano streng reglementiert war. Inka Garcilaso de La Vega schrieb in seinen »Königlichen Kommentaren zum Reich der Inka«, dass es während der Brutzeit der Guano-Vögel niemandem erlaubt war, die Guano-Inseln zu betreten. Jede Küstenprovinz erhielt einen festgelegten Abschnitt einer Guano-Insel, von der sie eine vorab bestimmte Menge Guano-Dünger abbauen durfte.

Der Begriff Guano (huanu) stammt aus der Quechua-Sprache und bedeutet »Dung« oder »Mist«.

*Para las sociedades prehispánicas de la zona costera peruana, la islas guaneras eran lugares sagrados. Solo las utilizaban para actividades de carácter religioso-ritual, sacrificios y para la extracción del guano como fertilizante. Era imposible vivir allí permanentemente, debido a la falta de agua dulce.*

*Una de estas sociedades costeras fue el Imperio Chimú (1100–1470 d. C.). La representación del pelícano es especialmente común en los objetos de arte Chimú. Probablemente se le rendía culto como deidad asociada al mar, ya que los habitantes de la costa dependían fuertemente de los recursos marinos.*

*Del periodo incaico (1470–1532 d. C.), que le sucedió al Chimú, se sabe que la extracción del guano estaba estrictamente regulada. Inca Garcilaso de La Vega escribió en sus »Comentarios Reales de los Incas« que a nadie le estaba permitido pisar las islas guaneras en la época de anidamiento. Cada provincia costera tenía un espacio fijo asignado en una de las islas guaneras para extraer una cantidad predeterminada del fertilizante.*

*El término guano (huanu) procede de la lengua quechua y significa: »estiércol« o »abono«.*

Wandbehang mit Pelikanen aus Wolle und Baumwolle, Chimu. (1100 bis 1470 n. Chr.)

Dieses kostbare Textil schmückte wahrscheinlich die Wände eines Tempels oder Palastes der Chimu. Die zentrale Figur ist ein Pelikan, der von anderen ähnlichen Vögeln auf einer Trage getragen wird. Möglicherweise handelt es sich um eine wichtige Autorität, die hier in Form dieses Seevogels erscheint. (Museo Chileno de Arte Precolombino, Santiago, Chile)

*Tapiz en lana y algodón con pelícanos, Chimú. (1100 a 1470 d. C.)*

*Este precioso tejido probablemente decoraba los muros de un templo o palacio Chimú. La figura central es un pelícano llevado en andas por otras aves similares. Posiblemente sea una autoridad importante que aquí figura con la forma de esta ave marina. (Museo Chileno de Arte Precolombino, Santiago, Chile)*

# Der Gefangene mit Strick

## *El prisionero atado con una soga*

Eine der drei Holzfiguren von der Guano-Insel Macabí, die sich in der Sammlung des MARKK in Hamburg befinden, ist in der Ausstellung »Schätze der Anden« zu sehen. Sie steht in einer Vitrine mit Grab-Beigaben der Moche-Kultur.

Das MARKK schreibt zu dem Objekt: »Holzfigur, nackter Gefangener mit Strick um den Hals. Auf der Insel Macabí wurden mehrere dieser äußerst seltenen Holzfiguren gefunden. Sie befanden sich unter einer meterdicken Schicht aus Guano-Dung. Vermutlich befand sich auf der Insel ein Heiligtum, das in Verbindung mit Gefangenenopfern stand.«

Die Moche (100 – 800 n. Chr.) waren mächtige Küsten-Königreiche, in deren Einzugsgebiet die Insel Macabí fällt. Die Gefangennahme von Kriegern gehörte in der Gesellschaft der Moche zu einer gängigen Praxis, weshalb in ihrer Kunst Gefangenendarstellungen häufig vorkommen. Die Objekte zeigen die unterlegenen Krieger in der Vorbereitungsphase auf ihre Opferung.

*Una de las tres estatuas de madera de la isla guanera Macabí, que forman parte de la colección del MARKK en Hamburgo, está colocada en la exposición »Tesoros de los Andes«. Esta se encuentra en una vitrina con huacos de la cultura Moche.*

*El MARKK escribe sobre el objeto: »Figura de madera, prisionero desnudo con una soga alrededor del cuello. En la isla Macabí se encontraron varias de estas figuras de madera extremadamente raras. Estaban debajo de una capa de varios metros de guano. Probablemente había en la isla un santuario que estaba relacionado con los sacrificios de prisioneros«.*

*Los Moche (100 – 800 d. C.) eran unos poderosos señoríos costeños, en cuya zona de influencia se encontraba la Isla Macabí. La captura de guerreros era una práctica común en la sociedad Moche, por lo tanto, las representaciones artísticas de prisioneros y guerreros derrotados en la fase previa al sacrificio son muy frecuentes.*

Holzfigur der Moche von der Insel Macabí, einen Gefangenen mit Strick um den Hals darstellend. (Museum MARKK, Hamburg)

*Estatua de madera Moche de la Isla Macabí que representa a un prisionero con una soga al cuello. (Museum MARKK, Hamburg)*

Hier geht es zu einer virtuellen Ausstellung über zurückerhaltene Kulturgüter:
*Este enlace te lleva a una exposición virtual sobre bienes recuperados:*

https://visitavirtual.cultura.pe/recorridos/exposicion-virtual-patrimonio-recuperado/exposicion-virtual-patrimonio-recuperado/index.html

*¿Qué efecto tiene una restitución? Miles de objetos procedentes del Perú, incluidos los que llegaron a Alemania en la época del guano, por haber sido desenterrados, ya han sido arrancados de su contexto original de uso. Además, debido a la forma de apropiación, han perdido su valor de significado. ¿Deben ser devueltos, es decir, »restituidos«? La pregunta no es nueva para el Perú. Los objetos arqueológicos de la época prehispánica están siendo devueltos desde hace años. El Ministerio de Cultura del Perú también los presenta en su página web. Podemos alegrarnos de ello. Pero nunca volverán a su sitio de origen: a la tumba.*

Was bewirkt eine Restitution? Tausende Objekte aus Peru, auch die, die während der Guano-Ära nach Deutschland kamen, sind durch ihre Ausgrabung aus ihrem ursprünglichen Verwendungszusammenhang gerissen worden. Durch die Art und Weise der Aneignung besitzen sie darüber hinaus nur einen geringen Aussagewert Sollten sie zurückgegeben, also »restituiert« werden? Die Frage ist nicht neu für Peru. Seit Jahren werden archäologische Objekte der vorspanischen Zeit zurückgeführt. Das peruanische Kultur-Ministerium präsentiert sie auch auf seiner Webseite. Wir können uns darüber freuen. Aber an ihren ursprünglichen Platz, ins Grab, werden sie nie mehr zurückkehren.

# Ausblick

# *Perspectivas*

Zum Abschluss des Themas »Peru–Guano–Hamburg« soll der Frage nachgegangen werden, warum Hamburger Kaufleute in den 1880er Jahren ihre Geschäfte von Peru nach Chile verlegten. Das zwischen 1922 bis 1924 erbaute »Chilehaus« ist heute nicht nur eine touristische Attraktion Hamburgs, sondern auch postkoloniale Erinnerungsstätte dieser damals begonnenen Handelsbeziehungen mit Chile.

Nach dem kompletten Abbau des Peru-Guanos auf den Guano-Inseln in den 1870er Jahren geriet Peru in eine schwere Wirtschaftskrise und begann mit der Ausbeutung von Salpeter in seinen südlichen Provinzen Arica und Tarapacá. Dies löste den Krieg Chiles gegen Peru und Bolivien in den Jahren 1879 bis 1884 aus. Der so genannte »Pazifikkrieg« oder »Salpeterkrieg« gipfelte in der Abtretung der peruanischen Salpetergebiete Arica und Tarapacá an Chile. Chile stieg in der Folgezeit zum weltweit führenden Produzenten von Salpeter auf und die Hamburger Kaufleute verlagerten ihre Geschäfte dorthin. Mit der berühmten Flotte von »Flying P-Linern« wurde Ferdinand Laeisz dabei zu einem der wichtigsten Transporteure des chilenischen Salpeters nach Hamburg.

1892 gründete der Hamburger Kaufmann und Bankier Henry B. Sloman ein eigenes Salpeter-Imperium in Nordchile. Davor war er Generaldirektor des Salpeterunternehmens des Hamburgers Fölsch und dessen Partners Martin in Tarapacá gewesen. 32 Jahre später kehrte er nach Hamburg zurück und investierte, als einer der reichsten Hamburger, einen Teil seines Vermögens in den Bau des »Chilehauses« (1922–1924). Die früheren intensiven Handelsbeziehungen und der mit dem peruanischen Guano erwirtschaftete Reichtum haben dagegen kaum sichtbare Spuren in der Stadt Hamburg hinterlassen. Diese Lücke versucht das vorliegende Buch zu schließen.

*Para concluir con el tema »Perú–Guano–Hamburgo«, presentamos muy brevemente una de las razones por la que los comerciantes de Hamburgo derivan sus negocios del Perú a Chile y así establecer un enlace con lo que hoy resulta ser uno de los mayores atractivos turísticos y memoria poscolonial en esta ciudad: »La Casa Chile«.*

*Finalizada la explotación del guano peruano en la década de 1870, debido a la depredación de las islas guaneras, Perú cae en una grave crisis económica e inicia la explotación del salitre en sus provincias sureñas de Arica y Tarapacá, lo que origina el conflicto bélico entre Chile contra Perú y Bolivia (entre 1879 y 1884). La denominada »Guerra del Salitre« o »Guerra del Pacífico«, en la que Chile resulta vencedor y por consecuencia: el primer productor mundial de salitre. Ferdinand Laeisz – mencionado anteriormente – (aproximadamente a mediados de la década de 1880), se convierte en uno de los más importantes transportistas del salitre a Hamburgo con su famosa flota: »P-Liner Volador«.*

*En 1892, el comerciante y banquero hamburgués Henry B. Sloman, después de administrar la salitrera Fölsch & Martin (Hermann C. J. Fölsch, también de Hamburgo), funda su propio imperio salitrero y a su regreso, reconocido como el hombre más rico de Hamburgo, manda a construir »La Casa Chile« (1922–1924). Contrariamente, las anteriores e intensas relaciones comerciales y el patrimonio obtenido del guano peruano no han dejado huellas visibles en la ciudad de Hamburgo. Este libro intenta llenar este vacío.*

*El nitrato de sodio y potasio, también conocido como salitre, es un mineral cuyos yacimientos se encuentran sobre la superficie de las rocas en terrenos costeros. Se usó como fertilizante agrícola y también como uno de los ingredientes para la fabricación de pólvora y explosivos.*

Natrium- und Kaliumnitrat, auch bekannt als Salpeter, ist ein Mineral, das an der Oberfläche von Felsen in Küstengebieten vorkommt. Es wurde als Düngemittel in der Landwirtschaft sowie für die Herstellung von Schießpulver und Sprengstoff verwendet.

COMPAÑIA SALITRERA DEL PERU
ADMINISTRACIÓN DE LAS SALITRERAS DE TARAPACÁ

Lima, 14 de Noviembre de 1878

Anotado En 467. 78

Sor. Director de Rentas

S. S.

Acompañamos á Ud. con el presente oficio conocimiento por un mil quintales de nitrato de soda para la Fábrica de pólvora, que han llegado al Callao, por "V/ Amazonas", lo mismo que nos tiene pedidos Ud. por su oficio de 8 octubre último.

Somos de Ud. atos. y S.S.
POR LA COMPAÑIA SALITRERA DEL PERÚ
F. García Calderon.

O. L. 537-465
(4)

Lima: 14 de Novbre de 1878
Remítase el conocimiento adjunto al Sr Prefecto del Callao para los fines correspondientes y acúsese recibo por la Sección de Bienes Nacionales
por el D
Arrieta.

Dokument der Verwaltung der peruanischen Salpeter-Gesellschaft, deren Produktionsstätten sich in Tarapacá befanden.

*Documento de la Administración de la Compañía Salitrera del Perú, cuyas instalaciones de producción estaban ubicadas en Tarapacá.*

Historische Briefmarken mit Darstellungen von Vögeln auf den Guano-Inseln, mit dem Vermerk auf der rosafarbenen Briefmarke, dass der Guanay der wichtigste Produzent von Guano sei. (Oben: 1959, unten 1937)

*Sellos históricos que representan a las aves de las Islas Guaneras, con nota en el sello rojo, que el Guanay es el principal productor de Guano. (Arriba: 1959, abajo 1937)*

# ANHANG
# *APÉNDICE*

# Über die Autor:innen

## *Sobre las autoras y el autor*

**Lucía Charún-Illescas,** Journalistin und Schriftstellerin, erforscht in ihrer Arbeit die koloniale Vergangenheit und die Art und Weise, wie Menschen afrikanischer Abstammung ihre Geschichte und Traditionen darstellen. Ihr Roman »Malambo«, das erste literarische Werk einer afro-peruanischen Autorin, hat sich international als wichtiges Studienmaterial über die Diaspora und die Sklaverei in Südamerika etabliert. In Hamburg gründete sie das afro-peruanische Kulturfestival »Señor de los Milagros«.
https://www.re-mapping.eu/de/interviews/lucia-charun-illescas

**Claudia Chávez de Lederbogen,** Ethnologin und Altamerikanistin, arbeitet freiberuflich als Kulturvermittlerin im MARKK und Museum der Arbeit sowie in diversen Bildungs- und Kultureinrichtungen Hamburgs.
https://chavez.lederbogen.com

**Jan Lederbogen,** Fotograf, Studium der Ethnologie und Kunstgeschichte an der Universität Hamburg sowie der Visuellen Kommunikation an der HfbK Hamburg. Diverse Projekte zur kolonialen Fotografie und zur Technikgeschichte der Reisefotografie. Für sein Projekt »Norddeutsches Requiem« über den Nationalsozialismus auf dem Land südlich von Bremen erhielt er 2020 den Deutschen Fotobuchpreis der Hochschule der Medien Stuttgart.
https://lederbogen.com

***Lucía Charún-Illescas,*** *periodista y escritora, basa su trabajo investigativo en el pasado colonial y en cómo los afrodescendientes presentan su historia y tradición. Su novela »Malambo«, la primera obra literaria de una autora afroperuana, ha logrado establecerse internacionalmente como material de estudio sobre la diáspora y la esclavitud en Sudamérica. En Hamburgo ha fundado el festival cultural afroperuano »Señor de los Milagros«.*
*https://www.re-mapping.eu/de/interviews/lucia-charun-illescas*

***Claudia Chávez de Lederbogen,*** *estudió etnología y antropología de las Américas en Hamburgo, trabaja como gestora cultural independiente en el MARKK y en el Museo del Trabajo, así como en diversas instituciones educativas y culturales de Hamburgo.*
*https://chavez.lederbogen.com*

***Jan Lederbogen,*** *fotógrafo, estudió etnología e historia del arte en la Universidad de Hamburgo y comunicación visual en la Escuela de Bellas Artes (HfbK) de Hamburgo. Hizo varios proyectos sobre la fotografía colonial y la historia técnica de la fotografía de viaje. Por su proyecto »Réquiem del norte de Alemania« sobre el nacionalsocialismo en la zona rural al sur de Bremen, recibió en 2020 el Premio Alemán de Fotografía de la Escuela Superior de Comunicación de Stuttgart.*
*https://lederbogen.com*

# Anmerkungen

## *Notas*

In den Texten dieses Buches wird eine gendergerechte Schreibweise verwendet, sofern eine Beteiligung mehrerer Geschlechter nachweisbar ist.

*En los textos de este libro se utiliza una ortografía con igualdad de género, siempre y cuando haya pruebas de la participación de más de un género.*

**Seite/*página* 8: Zit./*cit.*** Brockhaus' Conversations-Lexikon 1884:Bd.8:589.
**Seite/*página* 12:** Billet / Ausejo Castillo 2012; Breuning 1979; Cushmann 2013; Rott 2016; Stöven / Jacobs / Schnug 2016:201.
**Seite/*página* 13:** Tierpark Hagenbeck (o. J.): Humboldt Pinguin; Tierpark Hagenbeck (o. J.): Insgesamt 41 Tiere [...].
**Seite/*página* 14-15:** Billet / Ausejo Castillo 2012; Cushmann 2013; Humboldt 2009; Liebig 1840; Liebig 1862; Nesbit 1856; Rott 2016.
**Seite/*página* 16-17:** Billet / Ausejo Castillo 2012; Lederbogen 2022; Ministerio de Desarrollo Agrario y Riego Perú 2017; Ministerio de Desarrollo Agrario y Riego Perú 2021.
**Seite/*página* 18: Zit./*cit.*** Heinrich Jacob Bernhard Freiherr von Ohlendorff; in: Schmidt von Knobelsdorf 1926:35. **Zitiert nach/*citado según:*** Schröder 2014:43.
**Seite/*página* 20:** Anglo-Continentale (vorm. Ohlendorff'sche) Guano-Werke 1902; Arfs / Mücke 2010; Kresse 1972:144; Mücke 1998:51-60; Mücke 2022.
**Seite/*página* 21:** Bleiplombenforschung 2020.
**Seite/*página* 22:** Agronomische Zeitung 1862:495.
**Seite/*página* 23:** Angerstein 2021; Archives Portal Europe (o. J.); Deutsche Stiftung Denkmalschutz (o. J.); Familienkunde in Norddeutschland [Mutzenbecher] (o. J.); Hamburger Persönlichkeiten (HP) (o. J.) [Mutzenbecher]; Maltes Genealogie 2015; Mücke 1998:51-60; Mücke 2022; Staatsarchiv Hamburg 2022; SUB Hamburg: Hamburgisches Adreßbuch 1857 [...]; The Rothschild Archive (o. J.); Weber 2004; Witt 2016:Vol.5:494.
**Seite/*página* 26: Zit./*cit.*** Witt 2016:Vol.6:358 (Originalzitat auf englisch / *cita original en inglés)*; Mücke 2016.
**Seite/*página* 27:** Behr 2010:23-31.
**Seite/*página* 28:** Behr 2010:23-31; Freiwald-Korth 2013; Schröder 2014.
**Seite/*página* 29: Zitiert nach/*citado según:*** Mühlfried 2005:51.
**Seite/*página* 30-31:** Behr 2010:31-35+50-63.
**Seite/*página* 32: Zit./*cit.*** Meyers Konversations-Lexikon 1888.
**Seite/*página* 33:** Bild/*imagen:* British Newspaper Archive (o. J.); **Zit./*cit*** Archivo General de la Nación del Perú 1865; Archivo General de la Nación del Perú 1865; **vgl./*ver*** Stiftung Hanseatisches Wirtschaftsarchiv Handelskammer Hamburg 2018:180.
**Seite/*página* 34-35:** Ahrens / Hauschild-Thiessen 1989; Brinckmann 2010:53f; Gerhardt 2007:8; Laeisz 1891:19; Middlemiss 2019; Soria-Galvarro Derpich 2015; Stöven / Jacobs / Schnug 2016:204.
**Seite/*página* 36-37:** Behr 2010:37-40; **Zit./*cit.*** Der Landwirth 1872 (16. Februar 1872):Nr.14:53f; Jochimsen 2021:12+16; Steinmeister 2014:151+154.
**Seite/*página* 38: Zit./*cit.*** Anglo-Continentale (vorm. Ohlendorff'sche) Guano Werke 1898:1.
**Seite/*página* 39: Zit./*cit.*** Anglo-Continentale (vorm. Ohlendorff'sche) Guano Werke 1898:7; Die Zeit 2005:Bd.13:38.

**Seite/*página* 40-41:** Archivo General de la Nación del Perú 1853; Archivo General de la Nación del Perú 1866; British Newspaper Archive (o. J.) [1863]; Congreso Nacional de la República del Perú 1849; Duffield 1877; Fischer 2003; Hwang (o. J.); La Torre Silva 1992; Lederbogen 2022; Méndez G. 1987; Situ Chang 2019; Steinberg / Tetens 1889; Stewart 1951; Thomson 1898; Yun 2008.
**Seite/*página* 44:** **Zit./*cit.*** Gobierno Bolivariano de Venezuela 1823.
**Seite/*página* 45:** Bonilla 1974; **Zit./*cit.*** Tantaleán Arbulú 2011:34.
**Seite/*página* 46-47:** Bonilla 1974; Marichal 1988; Mücke 1998:51-60.
**Seite/*página* 48:** Scientific American 1872:323.
**Seite/*página* 49:** Archivo General de la Nación del Perú 1853; Congreso Nacional de la República del Perú 1849; Duffield 1877; La Torre Silva 1992; Situ Chang 2019; Stewart 1951, Yun 2008.
**Seite/*página* 50-51:** Congreso Nacional de la República del Perú 1849; Hwang (o. J.); La Torre Silva 1992; Méndez 1987; Situ Chang 2019; Steinberg / Tetens 1889; Stewart 1951; Yun 2008.
**Seite/*página* 52-53:** **Zit./*cit.*** Archivo General de la Nación del Perú 1866; Méndez 1987; Yun 2008.
**Seite/*página* 54-55:** Billet / Ausejo Castillo 2012:11-49; Ministerio de Desarrollo Agrario y Riego Perú 2017; Ministerio de Desarrollo Agrario y Riego Perú 2021; Valqui / Cardenas 2016.
**Seite/*página* 56-57:** Ministerio de Desarrollo Agrario y Riego Perú 2017; Ministerio de Desarrollo Agrario y Riego Perú 2021; Valqui / Cardenas 2016.
**Seite/*página* 60-61:** Ahrndt / Deutscher Museumsbund (Hg.) 2021; ICOM 2003; König 2017; Museum am Rothenbaum. Kulturen und Künste der Welt (o. J.) [Objektsammlungen]; **zitiert nach/*citado según:*** Plankensteiner 2018:14; Scheel 1905.
**Seite/*página* 62-63:** Asti Rodriguez (o. J.); Garcilaso de la Vega 1609; Mac Kay / Arana 1999; Museo Larco Lima Perú (o. J.); Rostworowski de Diez Canseco 1977.
**Seite/*página* 64-65:** Museo Chileno de Arte Precolombino (o. J.).
**Seite/*página* 66-67:** Ahrndt / Deutscher Museumsbund (Hg.) 2021; Brandstetter / Hierholzer (Hg.) 2018; Chávez 2006:47f; ICOM 2003; König 2017; **Zit./*cit.*** Museum am Rothenbaum. Kulturen und Künste der Welt (o. J.) [ Schätze der Anden].
**Seite/*página* 68-69:** Compañía Salitrera del Perú 1878; Fischer 1999; Krieg / Nolte (o. J.); Riveros Pizarro 2005; Wasmuth / Reimers 2001:170f,178ff,212; Wegner 2008:306.
**Seite/*página* 70:** sellosmundo [Guanay] (o. J.); sellosmundo [Riqueza del Guano] (o. J.).

# Literaturverzeichnis

## *Bibliografía*

**Agencia Peruana de Noticias 2022:** Entregan al Ministerio de Cultura 109 bienes culturales repatriados de varios países. Lima. Enero de 2022. https://andina.pe/agencia/noticia-entregan-al-ministerio-cultura-109-bienes-culturales-repatriados-varios-paises-878064.aspx [24.09.2022]

**Agronomische Zeitung 1862:** Agronomische Zeitung: Organ für die Interessen der gesamten Landwirtschaft; wöchentliche Mitteilungen über alle Zweige der Land- und Hauswirtschaft. Jg. 17, No. 31. [Anzeige Guano Mutzenbecher]. Leipzig. https://opacplus.bsb-muenchen.de/title/6112003 [24.09.2022]

**Aguirre Lavayén, Joaquín 2008:** Guano maldito: Chile – Bolivia – Perú 1879; los orígenes de una guerra de guanos y salitres; una historia verdadera, tan verdadera que parece ficción. Santa Cruz de la Sierra.

**Ahrens, Gerhard / Hauschild-Thiessen, Renate 1989:** Die Reeder: Laeisz, Ballin. Göttingen.

**Ahrndt, Wiebke / Deutscher Museumsbund (Hg.) 2021:** Leitfaden Umgang mit Sammlungsgut aus kolonialen Kontexten. Berlin.

**Alfageme, Elías 2020:** Guano en la isla Chincha: increíbles fotos sobre el trabajo de extracción del 'oro' orgánico. In: Somos, El Comercio. [Lima]. https://elcomercio.pe/somos/historias/guano-en-la-isla-chincha-increibles-fotos-sobre-el-trabajo-de-extraccion-del-oro-organico-noticia/ [18.02.2022]

**Angerstein, Dietrich 2021:** Chronik einer Reise von Hamburg nach Valparaíso vor 200 Jahren. Deutsche Wochenzeitung Cóndor in Chile. https://www.condor.cl/2021/01/17/chronik-einer-reise-von-hamburg-nach-valparaiso-vor-200-jahren/ [02.10.2022]

**Anglo-Continentale (vorm. Ohlendorff'sche) Guano Werke 1898:** Kalender für das Jahr 1898. Hamburg.

**Anglo-Continentale (vorm. Ohlendorff'sche) Guano Werke 1902:** Der Peru-Guano, seine Entstehung, Gewinnung und Anwendung. Mannheim.

**Agronomische Zeitung 1862:** Dr. Wilhelm Hamm's Agronomische Zeitung. Wochenzeitung. XVII Jg. Nr. 31. 30. Juli 1862. [BSB Bayrische Staatsbibliothek]. https://www.digitale-sammlungen.de/de/details/bsb10229328 [07.11.2022]

**Archives Portal Europe (o. J.):** Hamburgisches Konsulat und Generalkonsulat in Lima 1840–1866. https://www.archivesportaleurope.net/advanced-search/search-in-archives/results-(archives)/?&repositoryCode=DE-2089&levelName=archdesc&t=fa&recordId=DDB_634 [07.11.2022]

**Archivo General de la Nación del Perú 1853:** Chinos y Esclavos, Archivo Histórico – Años 1853 – 1854. Diciembre 23. Página 111.

**Archivo General de la Nación del Perú 1863:** Consignación del Huano en Alemania. Archivo Histórico (Carta OL-453-631).

**Archivo General de la Nación del Perú 1865:** (OL-453-624). Razón de los buques que se hallaban en las Islas cargando huano para la Consignación de Alemania en 30 de Junio 1865. Witt & Schutte. Nr. 7. OL 453-624. Lima. [Archivo Histórico. Ministerio de Hacienda.]

**Archivo General de la Nación del Perú 1866:** El motín de chinos del 26 de enero de 1866. Nota de Acta H-4, 383, del Intendente Pablo Arguedas al Secretario de Gobierno. (Página 64). Transcripción de Lucía Charún-Illescas 2021.

**Arfs, Jörn / Mücke, Ulrich 2010:** Händler, Pioniere, Wissenschaftler: Hamburger in Lateinamerika. Berlin.

**Asti Rodriguez, John (o. J.):** El mar y las islas de la costa peruana en el mundo prehispánico: una aproximación bibliográfica al tema. https://www.academia.edu/23849914/El_mar_y_las_islas_de_la_costa_peruana_en_el_mundo_prehisp%C3%A1nico_una_aproximaci%C3%B3n_bibliogr%C3%A1fica_al_tema [11.02.2022]

**Bake, Rita (o. J.):** Laeiszstraße. (Biographien von A-Z – hamburg.de). https://www.hamburg.de/contentblob/7113226/206d80f41a1f4814b624bf57b4aa2e4a/data/laeiszstrasse.pdf [24.09.2022]

**Bake, Rita 2022:** Verschwiegene Frauen – oder: Wie noch mehr Frauen durch einen Straßenamen gewürdigt werden können. https://www.hamburg.de/contentblob/13456606/8db526647f6dac0aca9d19193324cb2c/data/verschwiegene-frauen-aufsatz.pdf [07.11.2022]

**Banco Interamericano de Desarrollo Washington D. C. 2004:** Cuando Oriente llegó a América: Contribuciones de inmigrantes chinos, japoneses y coreanos. https://publications.iadb.org/publications/spanish/document/Cuando-Oriente-lleg%C3%B3-a-Am%C3%A9rica-Contribuciones-de-inmigrantes-chinos-japoneses-y-coreanos.pdf [12.01.2022]

**Behr, Karin 2010:** Die Ohlendorffs: Aufstieg und Untergang einer Hamburger Familie. 2. korr. Aufl. Bremen.

**Billet, Vicente Cortéz / Ausejo Castillo, Carlos 2012:** Más allá del litoral: el papel de las islas en el paisaje cultural marítimo del Perú. Allpanchis, Arequipa, Perú 44(80). S. 11-49. https://revistas.ucsp.edu.pe/index.php/Allpanchis/article/view/261 [24.09.2022].

**Bleiplombenforschung 2020:** Continentale Guano-Werke AG, Hamburg. https://bleiplombenforschung.wordpress.com/2020/10/08/continentale-guano-werke-ag-hamburg-2/ [23.02.2022]

**Bonilla, Heraclio 1974:** Guano y burguesía en el Perú. Instituto de Estudios Peruanos. Lima.

**Börkewitz, Volker (o. J.):** Guano, Salpeter, Windjammer. https://docplayer.org/212015428-Guano-salpeter-windjammer.html [24.09.2022]

**Brandstetter, Anna-Maria / Hierholzer, Vera (Hg.) 2018:** Nicht nur Raubkunst! Sensible Dinge in Museen und universitären Sammlungen. Göttingen.

**Breuning, Markus 1979:** Alexander von Humboldt – Zur Geschichte des Guano (Humboldt Zentrum Berlin). http://www.von-humboldt.de/usrdata/breuning/31e_Opera_minor._Markus_Breuning._AvH_zur_Geschichte_des_Guano.pdf

**Brinckmann, Andrea 2010:** Hüte, Salpeter, Bananen: die Südamerika-Unternehmungen der Reederei Laeisz. In: Arfs, Jörn / Mücke Ulrich (Hg.): Händler, Pioniere, Wissenschaftler: Hamburger in Lateinamerika. Hamburg. S. 47-66.

**British Newspaper Archive (o. J.):** The Chincha Islands. Illustrated London News. Saturday, 21st February 1863. https://www.britishnewspaperarchive.co.uk/viewer/bl/0001578/18630221/054/0012 [07.11.2022]

**Brockhaus' Conversations-Lexikon 1884:** Allgemeine deutsche Real-Encyklopädie. 13. Auflage. Band 8. [Stichwort] Guano. S. 589. Leipzig. https://books.google.de/books?id=odcGAAAAYAAJ&printsec=frontcover&hl=de&source=gbs_ge_summary_r&cad=0#v=onepage&q&f=false [22.10.2022]

**Candela, Ana Maria (o. J.):** [Album Exhibit.] Picturing the World: Snapshots of a Translocal Cantonese Peruvian Ecumene, Circa 1924. Album de la Colonia China en el Perú. http://www.anacandela.com/album-exhibit.html [30.01.2022]

**Centro de Estudios Histórico Militares del Perú 2021:** Efemérides: 14 de abril de 1864 invasión de las islas Chincha por la escuadra española. 2021. https://cehmp.wordpress.com/2021/04/14/efemerides-14-de-abril-de-1864-invasion-de-las-islas-de-chincha-por-la-escuadra-espanola/ [25.09.2022]

**Chacón, Pablo 2019:** Prisioneros en el guano – Isla Macabí – Museo Británico. https://www.antiguoperu.com/2019/10/prisioneros-en-el-guano.html [01.03.2022]

**Chávez, Christine 2006:** Altandine Schätze im Museum für Völkerkunde Hamburg. In: Köpke, Wulf / Schmelz, Bernd (Hg.): Schätze der Anden: die Inka-Galerie und die Schatzkammern im Museum für Völkerkunde Hamburg. S. 32-71. Hamburg.

**Compañía Salitrera del Perú 1878:** Anotado Cn 467/78. Administración de las Salitreras de Tarapacá. Lima, 14 de Noviembre de 1878. O. L. 537-465. Lima. [Archivo Histórico. Ministerio de Hacienda. Lima.]

**Congreso Nacional de la República del Perú 1849:** Ley del 17 de noviembre de 1849 autorizando introducción de extranjeros [Ley china]. https://www.leyes.congreso.gob.pe/Documentos/LeyesXIX/1849071.pdf [24.09.2022]

**Curatola Petrocchi, Marco 1997:** Guano: una hipótesis sobre el origen de la riqueza del señorío de

Chincha. In: Arqueología. Antropología e Historia en los Andes. Homenaje a María Rostworowski. Eds. Rafael Varón Gabai y Javier Flores Espinoza. S. 223-239. Lima.

**Cushman, Gregory T. 2013:** Guano and the opening of the Pacific world: a global ecological history. Cambridge [u.a.].

**Dancuart, P. Emilio (Hg.) 1902:** Anales de la hacienda pública del Perú. Leyes, decretos, reglamentos y resoluciones; aranceles, presupuestos, cuentas y contratos que constituyen la legislación y la historia fiscal de la república. Lima

**Der Landwirth 1872:** Der Landwirth. Allgemeine landwirthschaftliche Zeitung. Hrsg. von Wilhelm Korn und Dr. Eduard Peters. 8. Jg. 16. Februar 1872. Breslau. http://www.bibliotekacyfrowa.pl/Content/113284/PDF/GSL_P_31377_IV_1872_57245_0014.pdf [24.09.2022]

**Deutsche Stiftung Denkmalschutz (o. J.):** Villa Mutzenbecher – Hamburg. https://www.denkmalschutz.de/denkmal/villa-mutzenbecher.html [02.10.2022]

**Die Zeit 2005**: Das Lexikon in 20 Bänden. Hamburg.

**Duffield, Alexander James 1877:** Peru In The Guano Age, being a Short Account of a Recent Visit to the Guano Deposits With Some Reflections On The Money They Have Produced And The Uses To Which It Has Been Applied. London.

**Empresa Peruana de Servicios Editoriales S. A. Editora Perú (o. J.):** Un millón de aves marinas llegaron a isla Chincha Norte para reproducción. https://andina.pe/agencia/noticia-un-millon-aves-marinas-llegaron-a-isla-chincha-norte-para-reproduccion-724721.aspx [18.02.2022]

**Familienkunde in Norddeutschland [Mutzenbecher] (o. J.):** Familien Stammbaum Mutzenbecher Hamburg Oldenburg Berlin Mecklenburg Rostock Rio de Janeiro Prag Wien München. https://jennus.beepworld.de/mutzenbecher.htm [20.09.2021]

**Feldkamp, Ursula 2003:** Rund Kap Hoorn: mit Frachtseglern zur Westküste Amerikas. Bremen.

**Fischer, Hans 2003:** Randfiguren der Ethnologie: Gelehrte und Amateure, Schwindler und Phantasten. Berlin.

**Fischer, Manfred F. 1999:** Das Chilehaus in Hamburg, Architektur und Vision. Berlin.

**Flores Leiva, Tomas Manuel 2009:** Efecto del enso en el sistema guanero y la población peruana 1845–2007. https://www.academia.edu/24133645/EFECTO_DEL_ENSO_EN_EL_SISTEMA_GUANERO_Y_LA_POBLACI%C3%93N_PERUANA_1845_2007 [27.02.2022]

**Freiwald-Korth, Gabriele 2013:** Hamburgs alte Fabriken: einst und jetzt. Erfurt.

**Garcilaso de la Vega, Inca 1609:** Comentarios reales de los Incas. Tomo 2. Buenos Aires. [1943]. https://upload.wikimedia.org/wikipedia/commons/a/ac/Comentarios_reales_de_los_Incas_-_Inca_Garcilaso_de_la_Vega_%28Tomo_2%29.pdf [17.11.2021]

**Geo-Reportage (o. J.):** Guano, Schatzinseln und Vogeldreck. https://www.geo.de/geo-tv/3968-rtkl-guano-schatzinseln-und-vogeldreck [08.02.2022]

**Gerhardt, Johannes 2007:** Sophie Christine und Carl Heinrich Laeisz. Eine biographische Annäherung an die Zeiten und Themen ihres Lebens. Hamburg. https://library.oapen.org/viewer/web/viewer.html?file=/bitstream/handle/20.500.12657/27595/1002410.pdf?sequence=1&isAllowed=y [15.02.2022]

**gob.pe 2018:** Minagri distribuye 36 toneladas de guano de las islas a Lambayeque. https://www.gob.pe/institucion/agrorural/noticias/525720-minagri-distribuye-36-toneladas-de-guano-de-las-islas-a-lambayeque [20.11.2021]

**Gobierno Bolivariano de Venezuela 1823:** Archivo del Liberador. Carta de Bolívar a Sucre. Correspondencia Oficial. Documento 7433. Guayaquil 24 de Mayo de 1823. http://www.archivodellibertador.gob.ve/escritos/inicio.php

**González de la Rosa, Manuel 1908:** Estudio de las antigüedades peruanas halladas bajo el huano. In: Revista histórica, Bd. 3. S. 39-45.

**Haberland, Wolfgang 1958:** Some wooden figures from Peru in the Hamburg Ethnographical Museum. In: Proceedings of the thirty-second International Congress of Americanists, Copenhagen, 8. – 14. August 1956. Copenhagen, S. [346]-352.

**Hamburger Persönlichkeiten (HP) (o. J.):** Hermann Franz Matthias Mutzenbecher. http://

www.hamburgerpersoenlichkeiten.de/hamburgerpersoenlichkeiten/login/person.asp?reqid=1167 [22.09.2021]

**Hamburger Persönlichkeiten (HP) (o. J.):** Martin Haller. Wichtige Bauten. [Liste]. http://www.hamburgerpersoenlichkeiten.de/hamburgerpersoenlichkeiten/member_file_uploads/helper.asp?id=2751 [24.09.2022b]

**Herrera, Gonzalo Rodríguez (o. J.):** La era del guano 1840 y 1866. https://slideplayer.com/slide/11477769/ [18.02.2022]

**Hidalgo, Jorge u. a. 2019:** Cambios políticos, sociales y económicos en relación a la pesca y extracción del guano en la costa de Arica y Tarapacá: siglos XVI a inicios del XIX. Estudios atacameños, San Pedro de Atacama. (61). S. 275–298. https://www.scielo.cl/scielo.php?script=sci_arttext&pid=S0718-10432019000100275 [09.08.2021].

**Himel, William 1952:** Book Review: Chinese Bondage in Peru: A History of the Chinese Coolie in Peru, 1849–1874. By Watt Stewart. Durham: Duke University Press, 1951. In: The Journal of Asian Studies Bd. 11(2). S. 247–247. https://www.cambridge.org/core/journals/journal-of-asian-studies/article/abs/chinese-bondage-in-peru-a-history-of-the-chinese-coolie-in-peru-18491874-by-watt-stewart-durham-duke-university-press-1951-x-247s-400/C4F03E9F3B58B8746102A19E969E0C16 [25.09.2022]

**Hollett, David 2008:** More precious than gold: the story of the Peruvian guano trade. Madison.

**Holzschneider, Hans 1937:** Die Vogelberge, Guano- und Inselphosphatlagerstätten der Erde. Düsseldorf.

**Hornbostel, Wilhelm / Klemm, David (Hg.) 1997:** Martin Haller: Leben und Werk 1835–1925. Hamburg.

**Humboldt, Alexander von 2009:** Amerikanische Reise 1799–1804: Rekonstruiert und kommentiert von Hanno Beck. Wiesbaden.

**Hunefeldt, Christine 2019:** Nineteenth-Century Peru: A German Merchant's Diary. In: Latin American Research Review. San Diego. Bd. 54 (1). S. 237-247. https://doi.org/10.25222/larr.438 [24.09.2022]

**Hwang, Justina (o. J.):** Chinese in Peru in the 19th century | Modern Latin America. https://library.brown.edu/create/modernlatinamerica/chapters/chapter-6-the-andes/moments-in-andean-history/chinese-peru/ [30.01.2022]

**ICOM 2003:** Lista Roja de bienes culturales latinoamericanos en peligro. Red List of Latin-American Cultural Objects at Risk. Paris. https://icom.museum/en/ressource/red-list-of-latin-american-cultural-objects-at-risk/ [02.10.2022]

**Izarra Foronda, Leonidas 2001:** Las aves y la sociedad Nasca. In: Bol. Mus. Arqueol. Antropol. (UNMSM) 4 (3). S. 76-80. https://sisbib.unmsm.edu.pe/bibvirtual/publicaciones/antropologia/2001_N03/a03.htm [24.09.2022]

**Jochimsen, Jan 2021:** Die Bedeutung und Relevanz des peruanischen Guano-Booms in der Zeitschrift Die Gartenlaube. https://www.researchgate.net/publication/348408862_Die_Bedeutung_und_Relevanz_des_peruanischen_Guano-Booms_in_der_Zeitschrift_Die_Gartenlaube [25.02.2022]

**Kellenbenz, Hermann 1960:** Phasen des hanseatisch-nordeuropäischen Südamerikahandels. Hansische Geschichtsblätter / Hansischer Geschichtsverein Bd. 78. S. 87-120.

**Konau, Boris Arthur Heinz 2020:** Die Entwicklung des Handels- und Finanzplatzes Hamburg während der Gründerzeit von 1848 bis 1873. Hamburg. https://d-nb.info/1214370306/34 [22.01.2022]

**König, Viola 2017:** Museumsdirektorin Viola König wehrt sich gegen Kritik. In: DIE WELT, 22. August 2017. https://www.welt.de/kultur/article167880505/Die-Ethnologen-sind-keine-Taeter.html [02.10.2022]

**Kopitzsch, Franklin / Brietzke, Dirk (Hg.) 2003:** Hamburgische Biografie: Personenlexikon. Bd. 2. Hamburg.

**Kresse, Walter 1972:** Die Fahrtgebiete der Hamburger Handelsflotte 1824–1888. Hamburg. Mitteilungen aus dem Museum für Hamburgische Geschichte N. F. Bd. VII.

**Krieg, Robert / Nolte, Monika (o. J.):** Oro blanco – La historia. https://www.krieg-nolte.de/301,0002 [31.10.2022]

**La Torre Silva, Ricardo 1992:** La Inmigración China en el Perú. (1850–1890). In: Boletin de la Sociedad Peruana de Medicina Interna. Vol. 5 (3). https://sisbib.unmsm.edu.pe/bvrevistas/spmi/v05n3/inmigraci%C3%B3n.htm [09.01.2022]

**Laeisz, Carl Ferdinand 1891:** Erinnerungen aus dem Leben eines alten Hamburgers: den Freunden des Verstorbenen gewidmet von seinem Enkel. Neuauflage 1974. Hamburg.

**Lawrence, Jeff 2014:** A History of the Peruvian Guano Industry. https://yaffle53.wordpress.com/2014/05/22/a-history-of-the-peruvian-guano-industry/ [21.01.2022]

**Lederbogen, Jan 2022:** Drehbuchtexte zu »Notizen zu Guano, Peru und Hamburg«/*»Apuntes sobre Guano, Perú y Hamburgo«*, »Tetens & Chang«, »Auf den Guano-Inseln heute« / *»En las Islas Guaneras hoy«*. Hamburg. (unveröffentlicht)

**Liebig, Justus von 1840:** Die organische Chemie in ihrer Anwendung auf Agricultur und Physiologie. Braunschweig. https://www.deutsches-textarchiv.de/book/view/liebig_agricultur_1840?p=38 [08.03.2022]

**Liebig, Justus von 1862:** Über den Peru-Guano. Aus den Annalen der Chemie und Pharmacie, 1861, Bd. CXIX S. 11. In: Polytechnisches Journal, Band 163, Nr. XLII. S. 150-154. https://opacplus.bsb-muenchen.de/title/3361175 [24.09.2022]

**Llorca-Jaña, Manuel 2012:** The economic activities of a global merchant-banker in Chile: Huth & Co., 1820s–1850s. Historia (Santiago) 45(2). S. 399-432. https://www.scielo.cl/pdf/historia/v45n2/art02.pdf [27.09.2021].

**Mac Kay, Arturo Martín / Arana, Patricia 1999:** Información etnohistorica y evidencias arqueológicas en las islas del litoral peruano: La naturaleza sagrada de las incas. In: Bira, Lima, 26. S. 403-416. https://repositorio.pucp.edu.pe/index/bitstream/handle/123456789/113871/9818-Texto%20del%20art%C3%ADculo-38846-1-10-20140730.pdf?sequence=2&isAllowed=y [23.01.2022]

**Maltes Genealogie 2015:** Johannes Eduard Mutzenbecher (1822–1903). http://www.woydt.be/genealogie/g18/g182/1822mujo01.htm [20.09.2021]

**Marichal, Carlos 1988:** Historia de la deuda externa de América Latina. Madrid.

**Mathew, W. M. 1970:** The First Anglo-Peruvian Debt and Its Settlement, 1822–49. In: Journal of Latin American Studies, Cambridge. Bd. 2 (1). S. 81-98. https://www.jstor.org/stable/156240 [18.01.2022]

**Mathew, William 2020:** La firma inglesa Gibbs y el monopolio del guano en el Perú. https://www.bcrp.gob.pe/docs/Publicaciones/libros/2020/la-firma-inglesa-gibbs-y-el-monopolio-del-guano-en-el-peru.pdf [09.08.2021]

**Méndez G., Cecilia 1987:** Los trabajadores guaneros del Perú, 1840–1879. Lima.

**Méndez-Quirós, Pablo / Sánchez, Tamara / Henríquez, Paulina 2010:** Sistema de asentamientos guaneros en el litoral del Desierto de Atacama. Patrimonio cultural, memoria y olvido. San José. https://www.researchgate.net/publication/291958414_Sistema_de_asentamientos_guaneros_en_el_litoral_del_Desierto_de_Atacama_Patrimonio_cultural_memoria_y_olvido [23.01.2022]

**Méndez, Cecilia 1987:** La otra historia del guano: Perú 1840–1879. In: Revista Andina, Cuzco. Nr. 9. S. 7-81. http://revista.cbc.org.pe/index.php/revista-andina/article/view/108 [12.01.2022]

**Meyers Konversations-Lexikon 1888:** [Stichwort] Guano Mineralogie und Geologie – Gesteine (eLexikon). https://elexikon.ch/guano/17_0410 [17.01.2022]

**Middlemiss, Norman 2019:** The Laeisz 'Flying P' Line Of Hamburg – Shipping Today & Yesterday Magazine. https://www.shippingtandy.com/features/the-laeisz-flying-p-line-of-hamburg/ [02.10.2022]

**Ministerio de Cultura del Perú (o. J.):** Exposición Virtual "Patrimonio Recuperado, Bienes de nuestra Identidad Cultural". https://visitavirtual.cultura.pe/recorridos/exposicion-virtual-patrimonio-recuperado/exposicion-virtual-patrimonio-recuperado/index.html [24.09.2022]

**Ministerio de Desarrollo Agrario y Riego Perú 2017:** Guano de las islas peruanas es único en el mundo. https://www.agrorural.gob.pe/guano-de-las-islas-peruanas-es-unico-en-el-mundo [08.02.2022]

**Ministerio de Desarrollo Agrario y Riego Perú 2021:** Reporte del primer trimestre de la comercialización del guano de las Islas. Dirección de abonos. https://cdn.www.gob.pe/uploads/document/file/1958189/BOLETIN%20N%C2%B01%20COMERCIALIZACION.pdf.pdf [07.11.2022]

**Ministerio de Relaciones Exteriores 2020:** El Ministerio de Relaciones Exteriores entrega bienes culturales repatriados al Ministerio de Cultura. Nota de Prensa 107-20. 15 de setiembre de 2020. https://www.gob.pe/institucion/rree/noticias/302636-el-ministerio-de-relaciones-exteriores-entrega-bienes-culturales-repatriados-al-ministerio-de-cultura

**Mücke, Ulrich 1998:** Der Partido Civil in Peru 1871–1879: Zur Geschichte politischer Parteien und Repräsentation in Lateinamerika. Stuttgart.

**Mücke, Ulrich 2016**: Kolonialismus: Ein Rassist gibt Auskunft. In: Die Zeit, Wochenzeitung, vom 14. Juli 2016. https://www.zeit.de/2016/30/kolonialismus-peru-rassismus-kaufmann-heinrich-witt [02.10.2022]

**Mücke, Ulrich 2022:** Mündliche Informationen an Claudia Chávez de Lederbogen. 11.02.2022. Hamburg.

**Muecke, Ulrich (Hg.) 2016:** The Diary of Heinrich Witt (10 vols.). Leiden & Boston. https://brill.com/view/title/32515 [04.02.2022]

**Mühlfried, Klaus 2005:** Baukunst als Ausdruck politischer Gesinnung – Martin Haller und sein Wirken in Hamburg. Hamburg.

**Munita, Tomás (o. J.):** Tomas Munita – Photographer. https://www.tomasmunita.com [08.02.2022]

**Museo Chileno de Arte Precolombino (o. J.):** Textil mural con pelícanos. Cultura Chimú, Perú (900-1470 d. C.) Área Andes Centrales. https://museo.precolombino.cl/educacion/ojo-a-la-pieza/ [24.09.2022]

**Museo Larco Lima Perú (o. J.):** Silver headdress that represents pelicans. Chimu style. 1300 AD - 1532 AD. https://artsandculture.google.com/asset/silver-headdress-that-represents-pelicans-ml100779-chimu-style/GAG7_qO6gSlrdg?hl=es [24.09.2022]

**Museum am Rothenbaum. Kulturen und Künste der Welt (o. J.):** Objektsammlungen Amerikas. Liste 1: Sammlung Amerika bis 1920. https://markk-hamburg.de/files/media/2020/06/MARKK-AM-bis-1920.pdf

**Museum am Rothenbaum. Kulturen und Künste der Welt (o. J.):** Schätze der Anden. Ausstellungstext. [Holzfigur nackter Gefangener.]. Hamburg.

**Nesbit, J.C. [John Collis] 1856:** On agricultural chemistry, and the nature and properties of Peruvian guano. London. https://babel.hathitrust.org/cgi/pt?id=uc2.ark:/13960/t0sq8t30g&view=1up&seq=7 [24.09.2022]

**Neue Zürcher Zeitung 2007:** Trennende Entkolonisierung in Südamerika. Neue Zürcher Zeitung, 29. September. https://www.nzz.ch/trennende_entkolonisierung_in_suedamerika-ld.435936 [25.09.2022]

**Neuester, vollständiger Führer durch Hamburg 1869:** Neuester, vollständiger Führer durch Hamburg, Altona und Umgegend. https://opacplus.bsb-muenchen.de/Vta2/bsb11005595/bsb:BV020204700?page=184 [26.09.2021]

**Orrego Penagos, Juan Luis 2008:** La "era del guano": las islas de Chincha. Blog de Juan Luis Orrego Penagos. http://blog.pucp.edu.pe/blog/juanluisorrego/2008/08/12/la-era-del-guano-las-islas-de-chincha/ [18.02.2022]

**Plankensteiner, Barbara 2018:** Die ethnographische Sammlung Hamburgs im europäischen Vergleich. Eine Momentaufnahme zur Mitte des 19. Jahrhunderts. In: Kokott, Jeanette / Takayanagi, Fumi (Hg.): Erste Dinge – Rückblick für Ausblick. Hamburg. S. 13-20.

**Portillo, Luis 2010:** Biografía de Ramón Castilla. https://www.historiacultural.com/2010/04/presidente-mariscal-ramon-castilla.html [27.02.2022]

**Rath, Martin 2015:** Guano-Gesetz von 1856. https://www.lto.de/recht/feuilleton/f/rechtsgeschichte-usa-inseln-guano-island-acts/ [25.09.2022]

**Riveros Pizarro, Reinaldo 2005:** Hamburgo, restauran la casa Chile. In: Revista Cultural La Voz de la Pampa, Ed. 25, Abril 2005. Arica.

**Rodríguez, Humberto 1983:** Los inmigrantes chinos en el Perú. [Bibliografía]. https://es.scribd.com/document/470477079/197-Texto-del-articulo-199-1-10-20170501-1-pdf [24.09.2022]

**Rostworowski de Diez Canseco, María 1977:** Etnía y sociedad: costa peruana prehispánica. Lima.

**Rott, Bärbel 2016:** Alexander von Humboldt brachte Guano nach Europa – mit ungeahnten globalen

Folgen. In: HiN – Alexander von Humboldt im Netz. Internationale Zeitschrift für Humboldt-Studien. Bd. 17 (32). S. 82-109. https://www.hin-online.de/index.php/hin/article/view/234 [13.09.2021]

**Scheel, Wilhelm 1905:** My Life. https://www.brinckmansdorf.de/files/geschichte/wilhelm_scheel-my_life.pdf [01.03.2022]

**Schmidt von Knobelsdorf, Camilla 1926:** Heinrich Jacob Bernhard Freiherr von Ohlendorff: ein Lebensbild aus Hamburgs Glanzzeit. Hamburg.

**Schröder, Hans Joachim 2014:** Heinrich Freiherr von Ohlendorff. Ein Hamburger Kaufmann im Spiegel der Tagebücher seiner Ehefrau Elisabeth. Hamburg. https://docplayer.org/56589011-Heinrich-freiherr-von-ohlendorff.html [13.02.2022]

**Scientific American 1872:** Scientific American. Magazine. My 18, 1872.

**sellosmundo [Guanay] (o. J.)**: Stamp: „Guanay" Principal Productor del Guano de Islas S/. 0.80, marrón. Peru America. Joh. Enschede en Zonen-Holland. [Erscheinungsdatum der Briefmarke: 1959]. http://stamps.sellosmundo.com/America/Peru/stamp_171508.htm [01.10.2022]

**sellosmundo [Riqueza del Guano] (o. J.):** Stamp: Riqueza del Guano. 2 ctvs., verde. Peru America. Waterlow & Sons Limited. Londres. [Erscheinungsdatum der Briefmarke: 1937]. http://stamps.sellosmundo.com/America/Peru/stamp_176141.htm [01.10.2022]

**Situ Chang, Pedro Miguel Eduardo 2019:** Los inicios de la migración china en el Perú y el Valle del Jequetepeque durante la era del guano (1840–1856). Tesis. Lima. https://tesis.pucp.edu.pe/repositorio/bitstream/handle/20.500.12404/13877/SITU_CHANG_LOS_INICIOS_DE_LA_MIGRACION_CHINA_EN_EL_PERU_Y_EL_VALLE_DEL_JEQUETEPEQUE_DURANTE_LA_ERA_DEL_GUANO.pdf;jsessionid=126C5196D71877FDA9F42B27966C23C5?sequence=1 [09.01.2022]

**Soria-Galvarro Derpich, Rodolfo 2015:** [Rezension]: Guillermo Burgos Cuthbert: Veleros franceses y alemanes en la ruta del salitre. Los Cap-Horniers del salitre (1880–1930). https://revistamarina.cl/revistas/2015/6/rsoria-galvarrod.pdf [02.10.2022]

**Staatliche Museen zu Berlin (o. J.):** Gefangener. Figurgefäß. Moche 0-600. Staatliche Museen zu Berlin. https://id.smb.museum/object/15494/gefangener [24.09.2022]

**Staatsarchiv Hamburg (o. J.):** Hamburgisches Konsulat und Generalkonsulat in Lima 1840–1866. Hanseatische und Hamburgische Konsularische Vertretungen 132-6/24. https://www.hamburg.de/contentblob/31352/73085b19780169b2fc90262aefca0d87/data/kb-bestaende.pdf [20.09.2021]

**Staatsarchiv Hamburg 2022:** Name des Oberappellanten: Dr. O. Stammann im Auftrag von Toribio Sanz als fiskalischen Inspektor der peruanischen Regierung für die Guano-Konsignationen nach Europa (Kläger). – Name des Oberappellanten: Dr. I. Wolffson in Vollmacht von Schutte & Co, Lima. 211-3_Oh 61. http://www.deutsche-digitale-bibliothek.de/item/3BND6EKJPEHSHUVHISY5IQMIYTJGM5LL [11.02.2022]

**Steinberg, S. / Tetens, Alfred 1889:** Vom Schiffsjungen zum Wasserschout: Erinnerungen aus dem Leben des Capitäns Alfred Tetens. Hamburg. (2. Aufl.)

**Steinmeister, Anne 2014:** Im Weltgarten zu Hamburg: die internationalen Hamburger Gartenbauausstellungen des 19. Jahrhunderts; ein Beitrag zur Entwicklung des gartenkulturellen Ausstellungs- und Kongresswesens in Deutschland. München.

**Stewart, Watt 1951:** Chinese bondage in Peru: a history of the Chinese Coolie in Peru, 1849–1874. Durham.

**Stiftung Hanseatisches Wirtschaftsarchiv Handelskammer Hamburg 2018:** Findbuch zur Kolonialgeschichte. https://www.ihk.de/blueprint/servlet/resource/blob/4039486/e7b9f8427a5f98050d8d7a9303ec92b0/archiv-findbuch-stiftung-data.pdf

**Stoelzer, E. von 1887:** Der Peru-Guano der Anglo-Continentalen (vormals Ohlendorff'schen) Guano-Werke. In: Stormansche Zeitung. Nr. 1277, Jg. 10, 26. Juli 1887. S. 3. https://opendatarepo.lsh.uni-kiel.de/data/kreisarchiv_stormarn/Datenset%20Stormarnsche%20Zeitung/PDF-Dateien/SZ_1887_07_26.pdf [17.01.2022]

**Stöven, Kirsten / Jacobs, Frank / Schnug, Ewald 2016:** Guano – ein historisches Düngemittel. In: Journal für Kulturpflanzen. 68. S. 197-207. https://www.researchgate.net/publication/305156596_Guano_-_ein_historisches_Dungemittel [07.03.2022]

**SUB Hamburg: Hamburgisches Adreßbuch für 1857/1858/1863/1867.** Hamburg. [Bibliography-biblio]. https://agora.sub.uni-hamburg.de/subhh-adress/digbib/tree?sdid=c1:14100 [24.09.2022]

**Tantaleán Arbulú, Javier 2011:** La gobernabilidad y el leviatán guanero. Desarrollo, crisis y guerra con Chile. Lima. https://www.bcrp.gob.pe/docs/Publicaciones/libros/2020/la-gobernabilidad-y-el-leviatan-guanero.pdf [24.09.2022]

**The British Museum (o. J.):** Wooden sculpture in the form of a naked prisoner with a rope attached to its neck. https://www.britishmuseum.org/collection/object/E_Am-7424 [06.03.2022]

**The Rothschild Archive (o. J.):** Huth, Frederick & Gruning & Co. The London banking house. https://guide-to-the-archive.rothschildarchive.org/the-london-banking-house/depts/correspondence-department/major-correspondents/record/1619 [18.01.2022]

**Tierpark Hagenbeck (o. J.):** Humboldt-Pinguin (Steckbrief). https://www.hagenbeck.de/de/tierpark/tiere/steckbriefe/pinguine_humboldt.php [02.10.2022]

**Tierpark Hagenbeck 2021:** Insgesamt 41 Tiere zählt die Gruppe der Südamerikanischen Humboldt-Pinguine im Eismeer des Tierparks Hagenbeck. (Facebook, 1. Sept. 2021). https://www.facebook.com/tierpark.hagenbeck/videos/insgesamt-41-tiere-z%C3%A4hlt-die-gruppe-der-s%C3%BCdamerikanischen-humboldt-pinguine-im-e/658276315123342/ [02.10.2022]

**Thomson, J[ohn] 1898:** Through China with a camera, by John Thomson. Westminster: A. Constable & Co. http://archive.org/details/throughchinawith00thomrich [30.01.2022]

**Valqui, Michael / Cardenas, Susana 2016:** La tercera era del guano: Aves guaneras, cambio climático y pesca. In: Consorcio de Universidades (Hg.): Metas del Perú al Bicentenario. Lima. S. 103-108. https://www.researchgate.net/publication/319077258_La_tercera_era_del_guano_Aves_guaneras_cambio_climatico_y_pesca [27.02.2022]

**Vogel, August 1870:** Ueber das Verhältniss der Harnsäure und des Guanin's zur Vegetation. München. https://publikationen.badw.de/de/003082932/pdf/CC%20BY [17.01.2022]

**Wasmuth, Arne C. / Reimers, Torsten A. 2001:** Hanseatische Dynastien. Alte Hamburger Familien öffnen ihre Alben. Hamburg.

**Watt, Stewart 1976:** La servidumbre china en el Perú. Una historia de los culíes chinos en el Perú, 1849–1874. Lima.

**Weber, Klaus 2004**: Deutsche Kaufleute im Atlantikhandel 1680–1830: Unternehmen und Familien in Hamburg, Cádiz und Bordeaux. München.

**Wegner, Matthias 2008:** Hanseaten: Von stolzen Bürgern und schönen Legenden. München.

**Weischedel, Karin / Kaiser, Sandy 2003:** Prüfung eines Guano-Düngers – Projektarbeiten am Institut Dr. Flad. Stuttgart. https://www.chf.de/eduthek/projektarbeit-weischedelkaiser.html [08.02.2022]

**Wimmer, Dorothee / Holzwarth, Faye 2013:** Guano als Stickstoffquelle. http://www.stickstoffausstellung.de/fileadmin/redakteure/materialien/hausarbeiten/Guano.pdf [28.11.2021]

**Witt, Heinrich 2016:** The diary of Heinrich Witt. In: Muecke, Ulrich (Hg.): The Diary of Heinrich Witt (10 vols.). Leiden & Boston. https://brill.com/view/title/32515 [04.02.2022]

**Yun, Lisa 2008:** El Coolie habla: obreros contratados chinos y esclavos africanos en Cuba. https://hemi.nyu.edu/eng/publications/emisferica/5.2/52_images/pdf/yun_print.pdf [12.01.2022]

# Bildnachweise

## *Créditos*

**Cover/*tapa del libro:*** Illustration/*ilustración:* Jan Lederbogen; Hansahafen: Wikimedia commons (open source) (https://commons.wikimedia.org/wiki/File:Hamburgerhafen.jpg); Guanovögel/*aves guaneras:* Wikimedia commons (open source) (https://commons.wikimedia.org/wiki/File:Fou.varie1.jpg); Tomas Munita; Briefmarken/*sellos:* Archivo Lucía Charún-Illescas; Autoren-Portaits/*Retratos de los autores:* Studioline Hamburg (links/*izquierda),* Jan Lederbogen (Mitte/*centro*), Claudia Chávez de Lederbogen (rechts/*derecha*); **Seite/*página 9:*** Illustration/*ilustración:* Jan Lederbogen; **Seite/*página 10:*** https://www.vectorhq.com; **Seite/*página 13:*** alamy; **Seite/*página 14:*** Wikimedia Commons (open source) (https://upload.wikimedia.org/wikipedia/commons/9/9d/Trautschold_liebig_laboratorium_1841.png); **Seite/*página 17:*** Screenshots aus dem Film (von oben nach unten)/*capturas de pantalla de la película (de arriba a abajo):* iStock, alamy / Jan Lederbogen / Münchner Stadtmuseum (sammlungonline.muenchner-stadtmuseum.de) / Jan Lederbogen / Wikimedia Commons (open source) (https://de.m.wikipedia.org/wiki/Datei:Johanneum_Hamburg_(Suhr,_1840).jpg) / alamy / iStock; **Seite/*página 19:*** Illustration/*ilustración:* Jan Lederbogen; **Seite/*página 20:*** Münchner Stadtmuseum (sammlungonline.muenchner-stadtmuseum.de); **Seite/*página 21:*** Archivo Lucía Charún-Illescas; **Seite/*página 22:*** BSB Bayrische Staatsbibliothek (https://opacplus.bsb-muenchen.de/title/6112003); **Seite/*página 24-25:*** alamy; **Seite/*página 26:*** SUB Universität Hamburg (https://blog.sub.uni-hamburg.de/?p=21942); Archivo General de la Nación del Perú 1863 (Carta OL-453-631) (Consignación del Huano en Alemania); **Seite/*página 27:*** Wikimedia Commons (open source) (https://de.wikipedia.org/wiki/Albertus_Ohlendorff#/media/Datei:Albertus_Freiherr_von_Ohlendorff.jpg),(https://de.wikipedia.org/wiki/Heinrich_Ohlendorff#/media/Datei:Heinrich_Frh_v._Ohlendorff_1905.jpg); **Seite/*página 28-29:*** Historisch-biographische Blätter Bd. 7, Lfg. 4; digitalisierter Bestand der SUB Universität Hamburg (creative commons) (https://resolver.sub.uni-hamburg.de/kitodo/PPN683970119): **Seite/*página 31:*** (oben/*arriba:)* Museum für Hamburgische Geschichte, (unten/*abajo:)* Postkarte Lederbogen Archiv; **Seite/*página 32:*** Archivo General de la Nación del Perú 1865 (OL-453-624); **Seite/*página 33:*** Wikimedia commons (open source) (https://commons.wikimedia.org/wiki/File:Chincha_guano_islands.JPG); **Seite/*página 34:*** Postkarte Lederbogen Archiv; **Seite/*página 35:*** Wikimedia commons (open source) (https://commons.wikimedia.org/wiki/File:Hamburgerhafen.jpg) **Seite/*página 36:*** (oben/*arriba:)* Postkarte Lederbogen Archiv (unten/*abajo:)* Biblioteca Cyfrowa (https://www.bibliotekacyfrowa.pl/dlibra/publication/124934edition/113284/content?format_id=2); **Seite/*página 38:*** Archivo Lucía Charún-Illescas; **Seite/*página 40:*** Steinberg, S. 1889: Vom Schiffsjungen zum Wasserschout: Erinnerungen aus dem Leben des Capitäns Alfred Tetens, S. 1; **Seite/*página 41:*** Composing: Mining Site Chincha Islands 1860-70, José Negretti, The Met Metropolitan Museum of Art (open access) (https://www.metmuseum.org/art/collection/search/764823?sortBy=Relevance&ft=Jos%c3%a9+Negretti&offset=0&rpp=40&pos=1)/alamy; **Seite/*página 42:*** Sernanp 2010, [Mapa] Reserva Nacional. Sistema de Islas, Islotes y Puntas Guaneras República el Peru, Ministerio del Ambiente, Servicio Nacional de Areas Naturales protegidas por el Estado. (https://sinia.minam.gob.pe/mapas/mapa-sistema-islas-islotes-puntas-guaneras); **Seite/*página 43:*** Illustration/*ilustración:* Jan Lederbogen; **Seite/*página 44-45:*** Wikimedia Commons (open source) (https://de.wikipedia.org/wiki/Sim%C3%B3n_Bol%C3%ADvar#/media/Datei:Portrait_of_Sim%C3%B3n_Bol%C3%ADvar_by_Arturo_Michelena.jpg) / (https://pt.wikipedia.org/wiki/Ficheiro:Batalla_de_Ayacucho_by_Mart%C3%ADn_Tovar_y_Tovar_(1827_-_1902).jpg); **Seite/*página 47:*** alamy; **Seite/*página 48:*** alamy (Scientific American 1872); **Seite/*página 51:*** alamy; **Seite/*página 52:*** Archivo General de la Nación del Perú 1866, (Nota de Acta H-4, 383); **Seite/*página 54-55:*** Ministerio de Desarollo Agrario y Riego Perú; **Seite/*página 56-57:*** Tomas Munita; **Seite/*página 58:*** Museum Fünf Kontinente

München; **Seite/*página* 59:** Illustration/*ilustración:* Jan Lederbogen; **Seite/*página* 60:** Wikimedia Commons (open source) (https://de.m.wikipedia.org/wiki/Datei:Johanneum_Hamburg_(Suhr,_1840).jpg); **Seite/*página* 62:** Museo Larco, Lima Perú (Collection Database Entry), (https://artsandculture.google.com/asset/silver-headdress-that-represents-pelicans-ml100779-chimu-style/GAG7_qO6gSlrdg?hl=es); **Seite/*página* 64:** Museo Chileno de Arte Precolombino (https://museo.precolombino.cl/educacion/ojo-a-la-pieza); **Seite/*página* 67:** Foto © Museum am Rothenbaum MARKK, Hamburg, Brigitte Saal; **Seite/*página* 69:** Compañía Salitrera del Perú 1878: Anotado Cn 467/78. Administración de las Salitreras de Tarapacá. Lima, 14 de Noviembre de 1878. O. L. 537-465. Lima. [Archivo Histórico. Ministerio de Hacienda. Lima.] **Seite/*página* 70:** Archivo Lucía Charún-Illescas.

Claus-Peter Lieckfeld & Bente Faust

**DAS SÜDERENDE DER WELT**

Föhr-Roman
280 Seiten
Hardcover mit Schutzumschlag
22,00 € (D)
ISBN 978-3-96194-187-2

Ronald Holst

**TOTGEGLAUBT**

Die mörderische Reise der COMET
1862–1867
Novelle
192 Seiten
Hardcover mit Schutzumschlag
17,00 € (D)
ISBN 978-3-945465-11-0